Elementare Makroökonomik

Von
Professor
Dr. Konrad A. Hillebrand

R. Oldenbourg Verlag München Wien

Die Deutsche Bibliothek - CIP-Einheitsaufnahme

Hillebrand, Konrad:
Elementare Makroökonomik / von Konrad A. Hillebrand. -
München ; Wien : Oldenbourg, 1996
ISBN 3-486-23769-1

Gesamtherstellung: Huber KG, Dießen

ISBN 3-486-23769-1

Vorwort

Das vorliegende Lehrbuch beabsichtigt, in die fundamentale Makroökonomik einzuführen und Appetit zu machen auf eine weitergehende Beschäftigung mit den maßgeblichen Problemstellungen. Es richtet sich deshalb vornehmlich an Studierende im Grundstudium und stellt insoweit das notwendige Komplement zu der im gleichen Verlag erschienenen "Elementaren Mikroökonomik" dar.

Um der bekannten Schwellenangst des Adressatenkreises vorzubeugen, ist die mathematische Darstellung auch in diesem Fall auf das unumgängliche Maß beschränkt worden. Wo eben möglich, wird die Gedankenführung graphisch veranschaulicht und zusammengefaßt.

Die intensive Verwendung von Graphiken bringt es mit sich, daß das vorliegende Produkt letztlich das Ergebnis einer kollektiven Anstrengung ist. Ich danke Herrn Wolfgang Weber für die hilfreiche Bearbeitung des Manuskripts und die Erstellung des Personen- und Sachregisters. Verbleibende Fehler und Unzulänglichkeiten sind selbstverständlich dem Autor zuzurechnen.

K. Hillebrand

Inhaltsverzeichnis

1. Was ist Makroökonomik?

Makroökonomik ist der Versuch, Deutungsmuster für gesamtwirtschaftliche Probleme mittels einer spezifischen Methodik zu entwickeln. So oder ähnlich könnte eine Antwort lauten. Sie erweist sich gleich in mehrfacher Hinsicht als erläuterungsbedürftig.

Zunächst einmal geht es um Probleme und Fragestellungen, die eine Volkswirtschaft als Ganzes betreffen. Sie finden ihren Ausdruck typischerweise in statistischen Kennziffern globaler Art, wie etwa das Volkseinkommen, die Wachstumsrate, das Preisniveau, die Arbeitslosenquote etc.. Solche Kennziffern informieren über Tatbestände, die gedeutet, also erklärt sein wollen. Es gilt mithin, die Ursachen für eben diese Tatbestände ausfindig zu machen. Das ist alles andere als einfach. Anhand des Problems der Arbeitslosigkeit mag das exemplarisch deutlich werden.

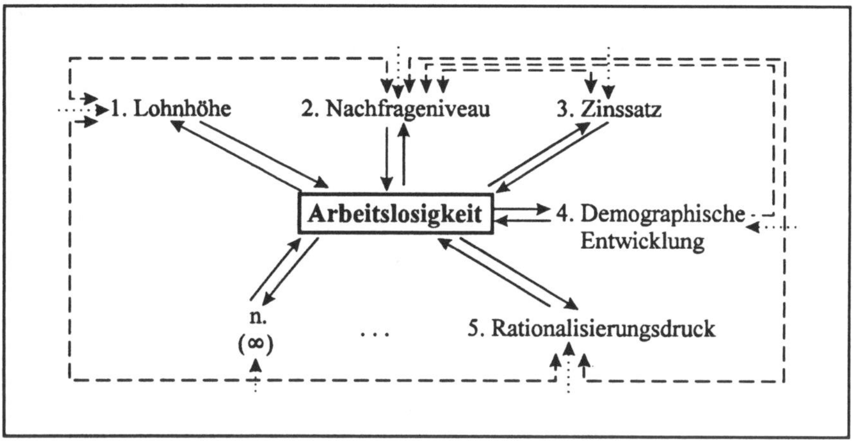

Abb. 1/1

Arbeitslosigkeit kann die Konsequenz einer Vielzahl von Ursachen sein. Einige wenige sind in der Figur 1/1 genannt: die Lohnhöhe, das Nachfrageniveau, der Zinssatz usw.. Im Idealfall gelingt es einer Erklärung, alle ursächlichen Faktoren zu identifizieren und ihr relatives Gewicht zu bestimmen. Dabei dürfte es sich vermutlich nicht um einfache Abhängigkeiten handeln; man wird vielmehr mit komplizierten Wechselbeziehungen rechnen müssen.

Gleiches gilt im Hinblick auf die Relationen zwischen den als ursächlich für die Arbeitslosigkeit angesehen Größen. Sie beeinflussen sich in der Regel ebenfalls gegenseitig, wenn auch mit unterschiedlicher Intensität. Überdies dürften weitere, im Bild nicht näher kenntlich gemachte „indirekte“ Einflüsse existieren, die auf die ursächlichen Faktoren einwirken. Kurzum: Das zu erklärende Problem weist einen hohen Komplexitätsgrad auf.

Wegen dieser Komplexität des Sachverhaltes sind vollständige, also ideale Erklärungen unmöglich. Eine solche Feststellung hat wenig mit dem gegenwärtigen Stand des theoretischen Wissens zu tun. Sie ist vielmehr grundsätzlicher Art. Komplexe soziale und damit auch ökonomische Sachverhalte haben nämlich die Eigenschaft an sich, immer unendlich viele Merkmale aufzuweisen. Daraus folgt, daß die ursächlichen Faktoren niemals vollständig bekannt sind bzw. sein können. Sie ändern sich zudem im Zeitablauf fortwährend. Hinzu kommt, daß unsere beschränkte Kapazität, Informationen zu verarbeiten, immer nur die Berücksichtigung einer begrenzten Anzahl von Einflußgrößen bei einem theoretischen Räsonnement erlaubt.

Es mag naheliegen, angesichts einer solchen Skizze zu den Charakteristika ökonomischer Phänomene die Möglichkeit wissenschaftlich begründeter Erklärungen in diesem Bereich überhaupt in Frage zu stellen. Das wäre jedoch voreilig. Des Rätsels Lösung liegt nämlich in der Abstraktion, also in der bewußten Vereinfachung des Problemzusammenhangs. Indem man die Aufmerksamkeit auf einige wenige Kausalfaktoren bündelt - vorausgesetzt natürlich, es handelt sich dabei um die wesentlichen - gelingt eine Deutung, die dem anstehenden Problem nun „ungefähr" gerecht wird. Man kann dies eine „Erklärung des Prinzips", ein Deutungsmuster oder eine idealisierte Erklärung nennen.

Wenn am Beginn einer jeden Erklärung insofern immer zunächst eine vereinfachende Abbildung, eine Modellierung der Realität vorgenommen wird, so ist damit absichtlich nicht intendiert, alle diffizilen Details der Wirklichkeit einzufangen. Jeglicher Versuch, derartiges zu unternehmen, wäre nicht nur von vornherein zum Scheitern verurteilt, sondern auch nutzlos; er würde keine Orientierungen bieten. Erst die gezielte Vereinfachung hebt Wesentliches hervor, läßt Unbedeutendes beiseite und erlaubt gerade dadurch eine Konzentration auf die eigentlich relevanten Zusammenhänge. Die Erklärung selbst ist dann ein theoretischer Satz (bzw. ein Aussagesystem), der (das) über die Realität anhand des zuvor konstruierten Modells informiert.

Die Herleitung erklärender Sätze in der Ökonomik ist nun methodisch auf unterschiedlichen Wegen möglich. Sofern der Ausgangspunkt in dem rationalen Verhalten der einzelnen Wirtschaftssubjekte gesucht wird, liegt eine mikroökonomische Analyse vor. Als Wirtschaftssubjekt bezeichnet man gemeinhin jene Entscheidungseinheiten, die ökonomische Dispositionen treffen. Mikroökonomik ist also der Versuch, über wirtschaftliche Sachverhalte zu informieren, indem man auf den individuellen Entscheidungskalkül zurückgreift.

Die Makroökonomik zeichnet sich demgegenüber dadurch aus, daß die Wirtschaftssubjekte zu Gruppen, Sektoren oder Aggregaten zusammengefaßt werden und vornehmlich das Verhalten solcher Gesamtheiten interessiert. Im Vordergrund steht dann z.B. nicht die Frage, von welchen Erwägungen ein einzelner Haushalt sich bei seinen Konsumentscheidungen leiten läßt, sondern es geht darum, wie das Niveau der Konsumaktivitäten aller Haushalte zustande kommt. Und im Hinblick etwa auf das Importgeschehen gilt ähnliches. Nicht die Einfuhraktivitäten eines einzelnen Unternehmens, sondern die das Unternehmenssektors insgesamt finden Berücksichtigung.

Damit sollte deutlich geworden sein, daß es sich bei mikro- und makroökonomischen Analysen nicht um Gegensatzpaare handelt. Man hat es schlicht mit einem jeweils andersartigen methodischen Ansatz zu tun, von dem ausgehend der Zugang zu einem wirtschaftlichen Problem gesucht wird. Makroökonomik empfiehlt sich zur Analyse gesamtwirtschaftlicher Probleme. Dies nicht zuletzt deshalb, weil sie Überschaubarkeit bietet in einem Ausmaß, das der Mikroökonomik in diesem Zusammenhang nicht möglich ist. Letztere hat demgegenüber ihre Vorzüge zum Beispiel bei der Untersuchung des Allokations- und Verteilungsproblems.

Desungeachtet ist selbstverständlich jeder ökonomische Sachverhalt, den es zu erklären gilt, stets nur zu begreifen als das - oft ungewollte - Ergebnis des Zusammenwirkens individueller Wahlhandlungen. Dies gilt auch für den Problemkatalog, der üblicherweise unter die Makroökonomik subsumiert wird. Daraus sollte der Schluß gezogen werden, daß es wünschenswert ist, makroökonomische Erklärungen mit mikroökonomisch gewonnenen Einsichten in Übereinstimmung zu bringen. Die Makroökonomik wäre dann mikrofundiert und würde an Überzeugungskraft gewinnen. Der „state of art“ weicht von diesem Ideal jedoch noch oftmals ab.

Mit dem Gegenstandsbereich der Makroökonomik, den gesamtwirtschaftlichen Problemstellungen, hat es auch zu tun, daß in dieser Disziplin vor allem ein Interesse an der Totalanalyse besteht. Eine Totalanalyse liegt vor, wenn im Kontext theoretischer Überlegungen das Geschehen auf allen Märkten einer Volkswirtschaft Berücksichtigung findet. Partialanalytische Betrachtungen zeichnen sich hingegen dadurch aus, daß nicht alle Märkte untersucht werden, die Analyse also auf einen Markt oder einige wenige Märkte beschränkt bleibt.

Ein Spezifikum der Makroökonomik ist ferner die Idee, das gesamtwirtschaftliche Geschehen als Kreislauf zu begreifen. Auch hierbei handelt es sich um ein methodisches Konzept. Es wurde ursprünglich in Analogie zum menschlichen Blutkreislauf auf den Wirtschaftsprozeß angewendet. Die Grundstruktur einer solchen Vorstellung wird mit dem folgenden Bild deutlich.

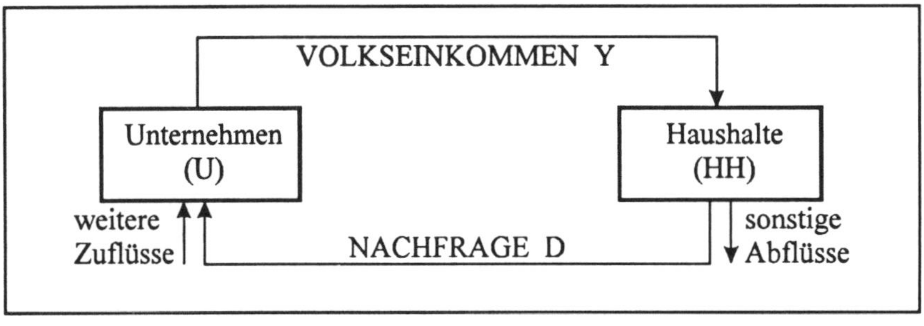

Abb. 1/2

Die Unternehmen (U) einer Volkswirtschaft produzieren Güter und Leistungen. Zu diesem Zweck nehmen sie Produktionsfaktoren in Anspruch, die mit dem Einkommen Y entlohnt werden, das im Zuge der Produktion entsteht. Die Haushalte (HH) als Besitzer der Produktionsfaktoren verwenden das ihnen zufließende Einkommen Y, indem sie die von den Unternehmen erstellten Güter und Leistungen ganz oder teilweise nachfragen (= Nachfrage D).

Eine solche Vorstellung eignet sich gut, um den Begriff des Gleichgewichts zu erläutern. Er ist bei einer jeden wirtschaftstheoretischen Überlegung ebenfalls von grundlegender Bedeutung.

Als Gleichgewicht bezeichnet man im allgemeinen einen Zustand von irgend etwas, das sich im Zeitablauf nicht verändert. Das Objekt der Zustandsbeschreibung befindet sich, wenn ein Gleichgewicht konstatiert werden kann, quasi in einer Ruhestellung; es weist eine Beharrungstendenz auf. Angewendet auf die Kreislaufidee heißt dies, daß die Stärke der im Kreis fließenden Ströme gleichbleibt. An den einzelnen Stationen des Kreislaufs müssen sich die zu- und abfließenden Ströme dann hinsichtlich ihres Volumens entsprechen.

Ein Kreislaufgleichgewicht in der Makroökonomik wäre demnach in Orientierung an der Figur 1/2 dadurch charakterisiert, daß die gesamte Produktion während einer Wirtschaftsperiode auch Abnahme findet. Die Haushalte (HH) würden das ihnen zufließende Einkommen Y in einem Ausmaß zu Nachfragezwecken D verwenden, das notwendig aber auch hinreichend ist, um die in den Produktionsentscheidungen der Unternehmen (U) sichtbar werdenden Absatzerwartungen zu bestätigen.

Es ist wichtig, diesen Gleichgewichtsbegriff nicht mit normativen Elementen zu vermengen. Ein Kreislaufgleichgewicht kann a priori weder positiv noch negativ bewertet werden. Es dient lediglich als analytischer Fixpunkt, um Veränderungen des gesamtwirtschaftlichen Aktivitätsniveaus zu begreifen. Sofern etwa ein Teil des Volkseinkommens von den Haushalten nicht zu Nachfragezwecken verwendet wird, läßt sich dies als Störung einer gleichgewichtigen Ausgangslage interpretieren. Solche Abflüsse bewirken tendenziell eine Verringerung der Produktion, die sich dann auf einem neuen, nunmehr niedrigeren gleichgewichtigen Niveau stabilisieren mag; Arbeitslosigkeit kann die Folge sein. Eine zunehmende Wirtschaftsaktivität folgt andererseits, wenn die Zuflüsse während einer Wirtschaftsperiode größer ausfallen als die Abflüsse.

An dieser Stelle ist darauf hinzuweisen, daß die angedeuteten Veränderungen der Wirtschaftsaktivität selbstverständlich Prozeßcharakter besitzen, also „in der Zeit" ablaufen. Dies ausdrücklich zu erwähnen ist deshalb von Bedeutung, weil die Berücksichtigung des Zeitfaktors in ökonomischen Modellen oft als unzureichend gilt. Dem Wirtschaftstheoretiker stehen nämlich auch hier verschiedene Möglichkeiten zur Verfügung. Sofern er eine gleichgewichtige Situation lediglich beschreibt, wird seine Analyse statisch genannt. Sie ist zeitpunktorientiert. Eine solche Vorgehensweise macht nur Sinn, wenn gleichzeitig - und sei es auch nur implizit - mitbehauptet wird, daß der Gleichgewichtszustand Relevanz besitzt für den ökonomischen Prozeß. Man könnte etwa in der wirtschaftlichen Entwicklung eine Tendenz hin zu eben diesem Gleichgewicht vermuten. Es würde sich dann um ein stabiles Gleichgewicht handeln. Dieses wird möglicherweise oder gar wahrscheinlich nie erreicht werden, dem Wirtschaftsprozeß aber dennoch die Richtung weisen.

Selbstverständlich kann man auch behaupten und versuchen nachzuweisen, daß eine Gleichgewichtslage für das gesamtwirtschaftliche Geschehen ohne jede Bedeutung ist, oder daß der ökonomische Prozeß sich zunehmend von einem analytischen Bezugspunkt entfernt. In einem solchen Fall läge ein instabiles Gleichgewicht vor. Man wäre dann jedoch gezwungen einzugestehen, daß über die Richtung der Entwicklung nur schwerlich eine Aussage möglich ist. Hier liegt der eigentliche Grund, weshalb im Kontext ökonomischer Analysen vor allem stabile Gleichgewichte Verwendung finden.

Beschreibt man davon zwei oder mehr, die sich aus verschiedenen Modellbedingungen zu unterschiedlichen Zeitpunkten ergeben mögen, so liegt eine komparativ-statische Betrachtung vor. Sie gestattet Aussagen, die dem Verlaufsaspekt eines jeden ökonomischen Geschehens näherungsweise Rechnung tragen. Man kann nämlich die Zeiträume zwischen den Zeitpunkten, auf die sich die verschiedenen Gleichgewichte beziehen, als Perioden der ablaufenden Anpassungsprozesse interpretieren. Auf diese Weise gelingt es, die zeitliche Dimension quasi nachrichtlich zu berücksichtigen, ohne sie ansonsten eingehender zu thematisieren. Explizit zur Geltung kommt sie erst im Rahmen eines dynamischen Modells, das den Anpassungsprozessen selbst besondere Aufmerksamkeit widmet.

Inhaltlich bedeutsam ist in diesem Zusammenhang die Unterscheidung zwischen kurz- und langfristigen Zeiträumen. Als kurzfristig lassen sich Perioden definieren, in denen der volkswirtschaftliche Kapitalstock und insoweit das Produktionspotential, die maximale Menge der erzeugbaren Güter und Leistungen, unverändert bleiben. Das Erkenntnisinteresse konzentriert sich unter solchen Voraussetzungen meist auf die Frage, ob es gelingt, das Produktionspotential auszulasten. Wir wollen daran anknüpfen und uns mit diesem einführenden Lehrbuch vornehmlich um ein Verständnis bemühen, das sich auf die simultane Bestimmung des Einkommens-, Preis- und Beschäftigungsniveaus richtet. Die langfristige Orientierung lassen wir also außer acht. Sie dominiert z. B. bei der Untersuchung des Wirtschaftswachstums und ist deshalb gehalten, auch den Gleichgewichtsbegriff anders zu fasssen, nämlich als Wachstumsgleichgewicht.

Jedes ökonomische Modell kann im übrigen auf verschiedene Weise präsentiert werden. Möglich sind verbale, graphische oder mathematische Darstellungen. Graphische Explikationen haben den Vorteil, wegen ihrer Anschaulichkeit besonders instruktiv zu sein. An ihre Grenzen stoßen sie jedoch oft dann, wenn es gilt, dynamisches, interdependentes Marktgeschehen abzubilden. In einem solchen Fall ist der Rückgriff auf die Mathematik häufig unverzichtbar. Er liegt auch allein schon deshalb nahe, weil das Interesse des Wirtschaftstheoretikers an Gleichgewichten mit der Suche nach der Lösung eines mathematischen Modells übereinstimmt. Von daher ist es völlig verfehlt, in der Zuhilfenahme der Mathematik bei ökonomischen

Analysen einen unfruchtbaren Formalismus zu sehen. Dies gilt jedenfalls so lange, wie daraus nicht l'art pour l'art zu werden droht.

Bis hierher sollte annähernd deutlich geworden sein, was mit der Antwort auf die eingangs gestellte Frage „Was ist Makroökonomik?" ausgesagt sein kann. Unerwähnt blieb allerdings noch, weshalb die Makroökonomik als Versuch gesehen wird. Eine derartige Einschätzung zielt auf das wissenschaftstheoretische Selbstverständnis des Falsifikationismus, zu dem sich - zumindest programmatisch - die meisten Makroökonomen bekennen dürften. Es geht dabei um das fundamentale Problem, wie sichergestellt werden kann, daß wir bei dem Bemühen, allgemeingültige Erklärungen zu finden für ökonomische Sachverhalte, nicht Hirngespinste ersinnen, sondern tatsächlich Einsichten gewinnen, die über die Realität informieren. Oder anders gewendet: Wie ist z. B. zu verfahren, wenn für ein und denselben Sachverhalt zwei verschiedene, sich möglicherweise widersprechende Erklärungen vorliegen? Nach welchem Kriterium ist dann zu diskriminieren? Eine naheliegende Antwort lautet: „Man lasse die Fakten entscheiden!"

Mit diesem Credo traten bereits die klassischen Empiristen an. Ihnen galt die Beobachtung, die Erfahrung schlechthin, als ursprüngliche Quelle der Erkenntnis und letzte Instanz der Wahrheit. Das Abenteuer Wissenschaft beginnt nach einer solchen Auffassung immer mit einer unvoreingenommenen und gewissenhaften Beschreibung von vorgefundenen einzelnen konkreten Tatsachen. Diese sog. Beobachtungsaussagen bilden die Grundlage einer jeden allgemeingültigen Theorie. Da sich der Wahrheitsgehalt von Beobachtungsaussagen durch unmittelbare Sinneswahrnehmung feststellen lasse, könne man - so die klassischen Empiristen - aus einer Vielzahl von widerspruchsfreien Einzeltatsachen letztlich mittels induktiven Schließens zu den Gesetzen und gültigen Theorien gelangen. Deren Zuverlässigkeit ist demnach gewährleistet durch die Überzeugungskraft der Basissätze in Verbindung mit dem logischen Schluß, der Induktion.

Der scheinbar sichere Grund der klassischen Empiristen erweist sich bei näherem Hinsehen jedoch als schwankender Boden. Die vermeintlich objektive Basis, die vorurteilsfreie Beschreibung von nackten Tatsachen, ist nämlich immer nur im Lichte von Theorien wahrzunehmen und formulierbar. Den Beobachtungsaussagen gehen deshalb Theorien voraus. Das Fundament der Erkenntnis ist insoweit fehlbar und bedarf seinerseits der Rechtfertigung. Der Versuch eines solchen Unterfangens führt hingegen in das von H. Albert so benannte Münchhausen-Trilemma:

* Danach läuft das Begründungsbemühen letztlich entweder auf einen infiniten Regreß hinaus, mit dem die Suche nach einer sicheren Basis immer weiter fortgeführt wird, ohne jemals ans Ziel zu gelangen, oder

* die Rechtfertigung besteht in einer Scheinbegründung, einer zirkulären Argumentation, die auf Aussagen verweist, welche sich zuvor schon selbst als rechtfertigungsbedürftig erwiesen haben, oder aber

* das Begründungsverfahren wird an einem bestimmten Punkt abgebrochen.

Keine dieser Alternativen ist mit dem Anspruch und dem Erkenntnisprogramm der klassischen Empiristen vereinbar. Darüber hinaus bleibt das Induktionsproblem ungelöst; denn bekanntlich kann man von einer endlichen Folge von Tatsachen nicht auf die Allgemeingültigkeit aller entsprechenden Beobachtungen schließen.

K. R. Popper ist es gelungen, einen überzeugenden Ausweg aus dieser Misere zu weisen. Wissenschaftliche Theorien sind nach seiner Auffassung immer spekulativ und deshalb nichts anderes als Vermutungen. Wegen des spekulativen Charakters von Theorien kann auf das Induktionsprinzip verzichtet werden. Es ist für deren Geltungsanspruch nicht mehr erforderlich. Und auch das Begründungspostulat wird überflüssig, ohne daß man gleich der Irrationalität anheimfallen muß. So wird man zwar niemals die Wahrheit allgemeiner Hypothesen demonstrieren können, im Einzelfall aber dennoch in der Lage sein, logische und/oder empirische Inkonsistenzen nachzuweisen. Letzteres geschieht durch eine Konfrontation der Schlußfolgerungen einer Theorie mit der Erfahrung. Das Aussondern falscher theoretischer Überzeugungen wäre demnach ein gangbarer Weg, mehr zu erfahren über die Gesetze und Regelmäßigkeiten dieser Welt. In letzter Konsequenz führt dies zu der nur scheinbar paradoxen Aufforderung: Richte Deine Bemühungen darauf aus, Deine Theorien zu widerlegen!

Gemäß einer solchen Grundeinstellung können theoretische Überzeugungen immer nur vorläufige Anerkennung finden - so lange sie nämlich noch nicht falsifiziert wurden. Sind sie allerdings einmal widerlegt, ist ihre Zurückweisung endgültig. Der Versuch, nach dieser Maxime zu verfahren, sieht sich in der Praxis mit einigen beträchtlichen Schwierigkeiten konfrontiert.

Zunächst einmal ist daran zu erinnern, daß auch die Erfahrung theoriegeleitet und deshalb fehlbar ist. Konstatiert sie einen Widerspruch zu einer Theorie, die auf dem Prüfstand steht, so muß auch die Möglichkeit bedacht werden, daß nicht die theoretische Schlußfolgerung, sondern die Beobachtungsaussage falsch sein kann. Man tut also gut daran, Vorsicht walten zu lassen bei endgültigen Zurückweisungen.

Darüber hinaus sind kühne theoretische Entwürfe selten singuläre Sätze sondern im allgemeinen komplizierte Aussagensysteme. Auftretende Inkonsistenzen mit der Erfahrung machen es dann notwendig zu entscheiden, ob einzelne Bausteine als widerlegt zu gelten haben, oder aber ob das ganze System zur Diskussion steht. Die Wissenschaftsgeschichte - und hier insbesondere auch die Geschichte der Ökonomik - legt die Vermutung nahe, daß es in praxi vornehmlich um einzelne Systembestandteile geht. Endgültige Widerlegungen von kompletten Theoriegebäuden stellen demgegenüber Ausnahmen dar. So gesehen scheint die Entwicklung in der Ökonomik eher mit der „Methodologie wissenschaftlicher Forschungsprogramme“ von I. Lakatos als mit der Version eines naiven Falsifikationismus vereinbar zu sein.

Nach Lakatos weisen theoretische Überzeugungen immer eine charakteristische Struktur auf. Sie besteht aus einem harten Kern, der die Grundannahmen eines Forschungsprogramms beinhaltet, und einem Beiwerk von Hilfshypothesen, speziellen Bedingungen usw., dem die Funktion eines Schutzgürtels zukommt.

Der harte Kern eines Programms - einige sehr allgemeine theoretische Hypothesen - gilt seinen Protagonisten als unwiderlegbar. Inkonsistenzen mit Beobachtungsdaten werden folglich nicht ihm angelastet, sondern den ergänzenden Annahmen und Hilfshypothesen vorgehalten. Der Kristallisationspunkt eines theoretischen Entwurfs bleibt danach im allgemeinen unangetastet und unverändert, obwohl die empirische Evidenz den Schlußfolgerungen einer Theorie zuwiderläuft. Geändert, angepaßt und neu formuliert wird nur die theoretische Landschaft des Schutzgürtels.

Es ist schon bemerkenswert, mit welcher Plausibilität sich die makroökonomischen Debatten der letzten Jahrzehnte in eine derartige Schablone fügen. Da konkurrieren nämlich nach wie vor (neo-)klassische und keynesianische Argumentationsmuster um eine adäquate Deutung ein und derselben gesamtwirtschaftlichen Problemlage. Während dabei für die einen die sog. Stabilität des privaten Sektors außer Frage steht, hegen die anderen Zweifel an der Auffassung, daß die Koordinationsleistung des Marktsystems allemal ausreiche, um eine Räumung sämtlicher Märkte jederzeit zu garantieren. Ihre grundlegende Überzeugung kommt vielmehr in der Vorstellung zum Ausdruck, daß eine wettbewerblich organisierte Volkswirtschaft dazu tendiere, Instabilitäten hervorzubringen, die sich verfestigen könnten. Die Forderung nach stabilisierungspolitischen Aktivitäten des Staates liegt dann nahe.

Es ist also bereits ein Dissens in der fundamentalen Einstellung zum Marktsystem zu konstatieren, und dies bleibt nicht ohne Folgen für mögliche Erklärungen. Die Ursachen von Arbeitslosigkeit etwa werden, legt man die Stabilitätsvermutung zugrunde, vornehmlich in einem marktwidrigen Verhalten zu suchen sein, während aus der anderen Perspektive eher ein Koordinationsversagen der Märkte als Kausalität in Betracht kommt.

Und natürlich tangiert ein derartig unterschiedlicher Blickwinkel auch das Erkenntnisinteresse. Wer auf die Funktionsfähigkeit der Märkte vertraut, hat wenig Veranlassung, über Absatzprobleme nachzusinnen. Er wird die Angebotsentscheidungen in den Mittelpunkt seines Deutungsmusters stellen. Die Frage nach den Faktoren, die das Produktionsniveau bestimmen, hat für ihn also Priorität.

Anders sieht dies ein Häretiker gegenüber der Auffassung von den Selbststeuerungs- und Selbstheilungskräften des Marktgeschehens. Er wird darauf bestehen, daß eine Analyse der Nachfragebedingungen notwendig sei; denn Fehlentwicklungen in diesem Bereich sind für ihn durchaus nicht undenkbar sondern eher wahrscheinlich.

Für ein einführendes Lehrbuch ist es nun sicher wenig sinnvoll, den Gang dieser Debatte in all ihren diffizilen Details nachzuzeichnen. Zweckmäßig ist allein die Beschäftigung mit den grundlegenden Standpunkten. Vorgestellt und ausgebreitet werden sollen hier deshalb die maßgeblichen Argumentationsmuster in ihrer Standardversion: das (neo-)klassische und das keynesianische Grundmodell.

Das (neo-)klassische Deutungsmuster ist dabei als eine Essenz aus Auffassungen zu begreifen, die dogmengeschichtlich auf A. Smith (1723 - 1790), D. Ricardo

(1772 - 1823), J. B. Say (1767 - 1832) und J. St. Mill (1806 - 1873) zurückgehen. Für das marginalistische Kostüm sowie auch eine inhaltliche Fortentwicklung sorgten später so hervorragende Köpfe wie W. S. Jevons (1835 - 1882), C. Menger (1841 - 1921), L. Walras (1834 - 1910), A. Marshall (1842 - 1924), I. Fisher (1867 - 1947), V. Pareto (1848 - 1923), K. Wicksell (1851 - 1926) und A. C. Pigou (1877 - 1959).

Die keynesianische Sicht der Dinge fand ihre größte Verbreitung in einer Version, die mit den Namen J. R. Hicks und A. H. Hansen in Verbindung zu bringen ist. Ob diese Version noch die „wahre" Auffassung des Meisters selbst, J. M. Keynes (1883 - 1946), enthält, ist von vielen Exegeten immer wieder bezweifelt worden. Wir wollen diesen unfruchtbaren Streit auf sich beruhen lassen, denn das fragliche Modell steht zweifellos für die aus dogmengeschichtlicher Sicht erfolgreichste Keynes-Interpretation.

Bevor die zwei unterschiedlichen Deutungsmuster für das gesamtwirtschaftliche Geschehen vorgestellt werden, ist es jedoch zweckmäßig, sich mit einigen grundlegenden Zusammenhängen der Kreislaufanalyse zu beschäftigen und die wichtigsten Begriffe der Volkswirtschaftlichen Gesamtrechnung kennenzulernen. Bei dieser Gelegenheit können überdies auch die Logik und das Anwendungsfeld einiger weiterer volkswirtschaftlicher Rechenwerke aufgezeigt werden.

2. Volkswirtschaftliche Rechenwerke

Wirtschaftliche Vorgänge besitzen immer eine quantitative Ausprägung. Ihre Kenntnis ist wichtig nicht nur für wirtschaftspolitische Entscheidungen. Auch zur empirischen Überprüfung wirtschaftstheoretischer Entwürfe erweisen sich ökonomische Daten als unerläßlich. Die wohl geläufigsten, wenn nicht wichtigsten Daten liefert die Volkswirtschaftliche Gesamtrechnung. Sie basiert auf der Konzeption des Wirtschaftskreislaufs.

2.1 Kreislaufanalyse und Volkswirtschaftliche Gesamtrechnung

2.1.1 Der Wirtschaftskreislauf

Die Vorstellung, den gesamtwirtschaftlichen Ablauf in einem Gemeinwesen als Kreislauf zu begreifen und abzubilden, ist nicht neu. Sie ist bereits bei den Physiokraten im 18. Jahrhundert zu finden, mit denen sich die Nationalökonomik als eigenständige wissenschaftliche Disziplin etablierte. Francois Quesnay (1694 - 1774) - ein französischer Arzt - war es, der den Wirtschaftsprozeß in seinem „tableau économique“ erstmalig als Kreislauf darstellte. Dem gesellschaftlichen und wirtschaftlichen Umfeld seiner Zeit entsprechend unterschied er auf Seiten der wirtschaftlichen Akteure dabei drei Gruppen, die jeweils typische Aktivitäten entfalteten.

* Die Klasse der Grundeigentümer (classe des propriétaires) bestand aus den Landesfürsten und den kirchlichen sowie weltlichen Grundbesitzern. Sie überließen ihren Besitz den abhängigen Bauern zur Bearbeitung und erhielten dafür Grundrenten als Pachteinkommen, das für den Kauf von Agrarprodukten und handwerklichen Erzeugnissen verwendet wurde.

* Die Klasse der Pächter (classe productive) galt allein als wertschaffende Instanz. Für die Bestellung und Bearbeitung des Bodens benötigte sie neben dem selbst erzeugten Saatgut auch Produktionsmittel, die ihr von den Handwerkern und Händlern geliefert wurden.

* Diese zählten zu der dritten, unproduktiven Klasse (classe stérile). Nach physiokratischer Auffassung waren Handwerker und Händler außerstande, neue Werte zu erstellen. Sie wandelten Güter der Urproduktion also lediglich um und verkauften sie an die Bauern und die Grundeigentümer.

Wenn insoweit das Niveau der wirtschaftlichen Produktion allein durch die Aktivitäten der „classe productive“ gegeben ist, interessieren natürlich noch die

Verteilung und Verwendung des produktiven Ertrags. Dieser Sachverhalt läßt sich als Verflechtung der drei Klassen (= Sektoren) untereinander in Form eines Stromdiagramms abbilden.

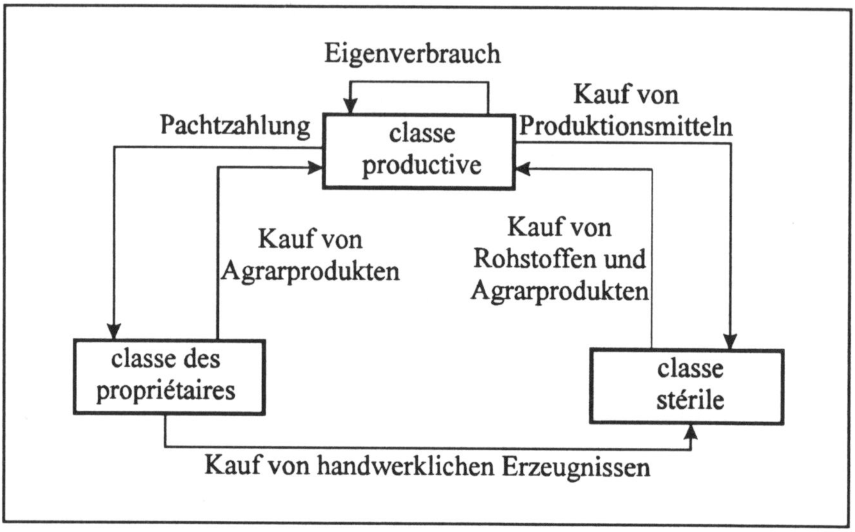

Abb. 2/1

Sieht man von der Möglichkeit ab, Ersparnisse zu bilden, so liegt mit der Figur 2/1 ein in sich geschlossener Kreislauf vor.

Derselbe Tatbestand kommt auch in alternativen Darstellungen zum Ausdruck. Wählt man etwa die Form einer Kontendarstellung, so ergibt sich das folgende Bild:

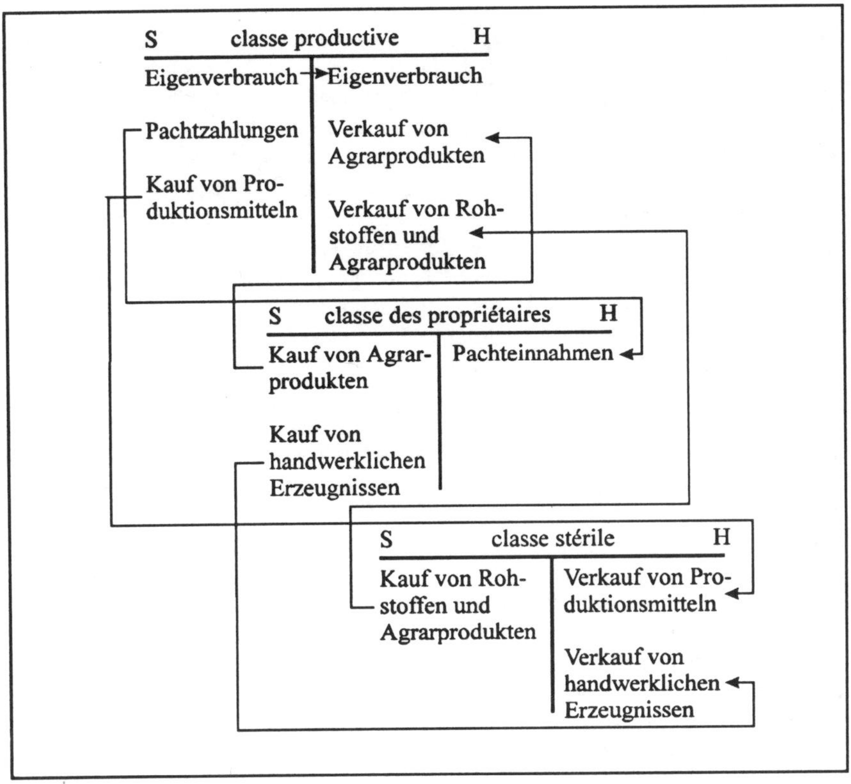

Abb. 2/2

Die Sektoren der Abb. 2./1 werden nun als Konten geführt. Die von den Sektoren abfließenden Ströme erscheinen auf der (linken) Aufwandsseite der Konten, und die zu den Sektoren hinfließenden Ströme werden auf der (rechten) Ertragsseite notiert. Äquivalent zu einer solchen Präsentation ist ebenso die Darstellung in Form einer Matrix.

Lieferungen an / von	classe productive	classe des propriétaires	classe stérile
classe productive	Eigenverbrauch	Agrarprodukte	Rohstoffe und Agrarprodukte
classe des propriétaires	Bodenleihe	-	-
classe stérile	Produktions-mittel	handwerkliche Erzeugnisse	-

Abb. 2/3

Die Sektoren erscheinen jetzt in derselben Reihenfolge sowohl in der Kopfspalte wie in der Kopfzeile. Zeilenweise sind die aus der Figur 2/1 bekannten zufließenden Ströme aufgelistet. Die Spalten informieren über die Aufwendungen und damit über die von den Sektoren abfließenden Ströme. In heutiger Terminologie würde man die Informationen etwa der ersten Zeile und Spalte aus der Abb. 2/3 dahingehend beschreiben, daß die „classe productive" Vorleistungen bezogen hat von der „classe des propriétaires" und der „classe stérile" in Form von gepachtetem Land und Produktionsmitteln. Diese Vorleistungen wurden, zusammen mit dem selbst erstellten Saatgut, dazu verwendet, den gesamtwirtschaftlichen Ertrag hervorzubringen, der sich seinerseits aus dem Eigenbedarf, den an die „classe des propriétaires" gelieferten landwirtschaftlichen Erzeugnissen sowie den für die „classe stérile" bestimmten Agrarprodukten und Rohstoffen zusammensetzt.

Gemeinsam ist allen Abbildungen, daß die handelnden Wirtschaftssubjekte jeweils zu Gruppen zusammengefaßt werden. Die dadurch entstehenden Aggregate handeln einheitlich, d. h., von ihnen werden jeweils typische Funktionen erbracht.

Gemeinsam ist den Darstellungen überdies, daß zwischen den beteiligten Akteuren, Klassen oder Sektoren Relationen abgebildet werden, die man ökonomische Transaktionen nennt. Es handelt sich um Tauschakte, die eine reale und eine monetäre Dimension besitzen. Der reale Aspekt kennzeichnet die Güter- und Leistungsströme, die monetäre Seite des Geschehens stellt auf die damit verbundenen Geldzahlungen ab. Abgebildet wird - der Übersichtlichkeit wegen - im allgemeinen nur eine dieser beiden Sichtweisen. Figur 2/1 beispielsweise stellt ebenso wie Abb. 2/2 auf die Zahlungsströme ab. In der Darstellung 2/3 hingegen steht die reale Dimension des Geschehens im Vordergrund.

Mit diesen konstitutiven Elementen finden sich in dem Entwurf von F. Quesnay bereits alle formalen Eigenschaften der modernen Kreislaufanalyse. Der Gedanke des Wirtschaftskreislaufs ist später von K. Marx (1818 - 1883) wieder aufgegriffen worden. Die heute übliche Ausprägung geht maßgeblich auf J. M. Keynes zurück. Dabei ist nach wie or beabsichtigt, mittels einer geeignete Konzeption den Wirtschaftsprozeß einer abgeschlossenen Periode gedanklich zu erfassen und abzubilden (ex-post-Betrachtung). Heutigen Usancen entsprechend erfolgt lediglich eine neue Systematik der Akteure und ihrer Aktivitäten.

Auf Seiten der Akteure lassen sich

* die Unternehmen („der Unternehmenssektor"),

* die privaten Haushalte („der Haushaltssektor"),

* die staatlichen Institutionen („der Staatssektor") sowie

* das Ausland („der Auslandssektor")

unterscheiden. Eine solche Differenzierung ist vor allem funktional ausgerichtet. So zählen zum Unternehmenssektor jene Entscheidungseinheiten, die erwerbswirtschaftlich Güter und Leistungen produzieren. Sie benötigen dazu produktive Faktoren (Arbeit, Boden, Kapital) und Vorleistungen, die sie im Produktionsprozeß einsetzen, und für die sie ein Entgelt zahlen. Zu diesen Entgelten rechnen wir auch die Gewinne. Sie mögen restlos ausgeschüttet werden.

Den privaten Haushalten wird die Funktion zugewiesen, die produktiven Faktoren bereitzustellen und dafür Einkommen zu erzielen. Dieses wird zu konsumtiven Zwecken verwendet oder gespart. Das Sparen wird also als Konsumverzicht definiert.

Dem Staatssektor obliegt die Aufgabe, Leistungen hervorzubringen, die den inländischen Wirtschaftssubjekten im allgemeinen ohne ein spezielles Entgelt zur Verfügung gestellt werden. Zu diesen sog. öffentlichen Gütern, deren Herstellung ebenfalls mittels produktiver Faktoren und sachlicher Vorprodukte erfolgt, zählen z. B. die Landesverteidigung und die Bereitstellung der Infrastruktur im Verkehrs- und Bildungsbereich. Darüber hinaus gilt es als eine originäre Staatsaufgabe, Subventionen und Transfers (Renten, Unterstützungen) zu zahlen, die überwiegend sozialpolitisch begründet werden. Von diesen zuletzt genannten Aktivitäten wollen wir zunächst abstrahieren. Die Finanzierung der Staatsausgaben erfolgt durch Zwangsabgaben in Form von direkten und indirekten Steuern sowie durch Gebühren und Beiträge.

Der Auslandssektor hat die Funktion wahrzunehmen, alle ökonomischen Transaktionen aufzulisten, die zwischen Inländern und Ausländern abgewickelt werden. Sieht man der Einfachheit halber davon ab, daß es sich dabei auch um neu begründete Forderungen und Verbindlichkeiten oder einseitige Übertragungen handeln kann, so geht es ausschließlich um die Aus- und Einfuhr von Waren und Leistungen.

Damit sind die Akteure und ihre Aktivitäten hinreichend deutlich charakterisiert. Es bleibt lediglich nachzutragen, daß in einer Volkswirtschaft selbstverständlich auch Vermögensveränderungen beobachtet werden können. So entwertet sich beispielsweise der Kapitalstock im Zuge seiner produktiven Nutzung (= Abschreibungen). Andererseits erhöhen getätigte Investitionen den Realkapitalbestand. Finanziert wird dieser Vorgang aus den Ersparnissen. Um auch diesen Sachverhalt zu erfassen, ist die Berücksichtigung eines weiteren, rein funktional definierten Sektors notwendig, wenn das Ergebnis der Wirtschaftstätigkeit einer abgelaufenen Periode insgesamt abgebildet werden soll.

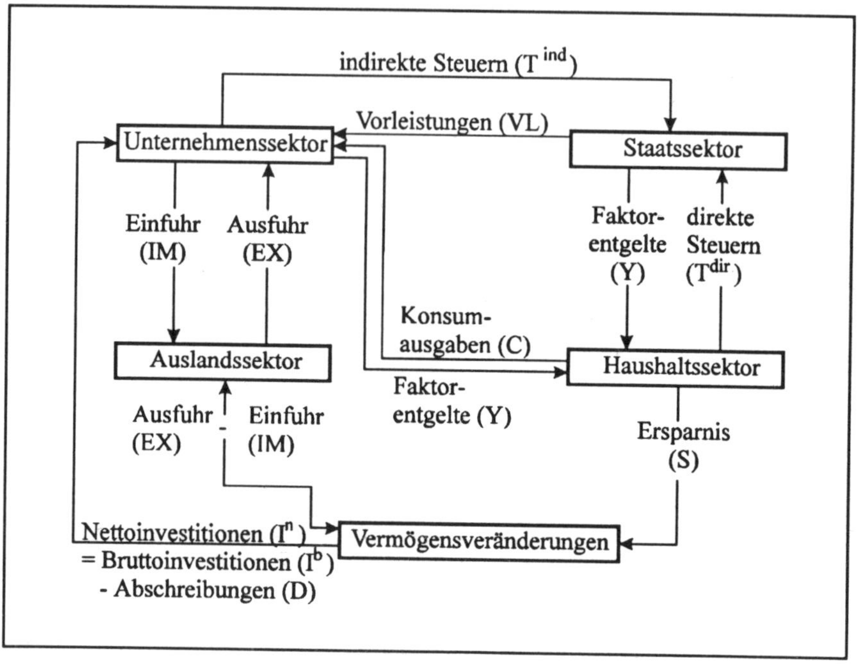

Abb. 2/4

Abb. 2/4 läßt zunächst erkennen, daß hier die monetären Relationen, also die mit Geld bewerteten realen Ströme, dargestellt sind. Dem Unternehmenssektor erwachsen im Zuge seiner Produktionstätigkeit Aufwendungen, die sich im Diagramm als abfließende Ströme wiederfinden. Es sind dies die Zahlungen für die vom Ausland bezogenen Waren und Leistungen IM, die an den Staat entrichteten indirekten Steuern T^{ind}, die an die Haushalte gezahlten Entgelte für die Leistungen der Produktionsfaktoren Y und die (hier bereits saldierten) Abschreibungen D als das monetäre Äquivalent für den produktionsbedingten Verschleiß der Anlagen.

Dem stehen Erträge gegenüber, die sich an den Strömen festmachen lassen, welche den Unternehmenssektor erreichen. So erwirbt der Staat von den Unternehmen jene Güter und Dienste VL, die er für eigene produktive Zwecke benötigt. Die Haushalte zahlen für die konsumtive Inanspruchnahme von Produkten und Leistungen C, und vom Ausland erhält der Unternehmenssektor das monetäre Äquivalent für die Ausfuhr EX. Als letzter Strom verbleibt schließlich das Volumen der über die Abschreibungen hinausgehenden Investitionstätigkeit I^n. Diese Nettoinvestitionen stellen quasi eine Lieferung des Unternehmenssektors an sich selbst dar.

In Erinnerung zu rufen ist an dieser Stelle die Vereinbarung, alle Unternehmen der Volkswirtschaft zu einem Sektor zusammenzufassen. Das hat Konsequenzen in Bezug auf die Berücksichtigung der im Produktionsprozeß erforderlichen Vorleistungen von einzelnen Unternehmen. Bei diesen Vorleistungen handelt es sich infolge der Sektorenbildung um intrasektorale Ströme, die in der Figur 2/4 aggregationsbedingt herausfallen. Lieferungen und Leistungen zwischen einzelnen Unternehmen sind nämlich Aufwendungen bei dem einen und Erträge bei dem anderen Unternehmen; die Transaktionen saldieren sich folglich zu Null.

Die Aktivitäten der übrigen Sektoren sind analog zu interpretieren, so daß sich eine ausführliche Beschreibung erübrigt. Besondere Aufmerksamkeit verdienen lediglich noch die abgebildeten Vermögensveränderungen. Notiert man sie mittels geeigneter Symbole in Form einer mathematischen Gleichung, so gelangt man zu der Aussage:

$$S = I^n + EX - IM.$$

Die Höhe der gesamtwirtschaftlichen Ersparnis (= des gesamtwirtschaftlichen Konsumverzichts) entspricht danach dem Niveau der Nettoinvestitionen zuzüglich der Wertdifferenz aus den Ausfuhr- und Einfuhraktivitäten. Würde man von den Auslandsbeziehungen abstrahieren, so hätte man zu notieren:

$$S = I^n.$$

Es handelt sich um eine grundlegende Identität, die aus der Kreislaufanalyse logisch zwingend folgt. Nichtsdestoweniger bereitet sie einem Novizen der Makroökonomik erfahrungsgemäß beträchtliches Kopfzerbrechen. Wieso entspricht die gesamtwirtschaftliche Ersparnis dem Wert der Nettoinvestitionen? Sind Investitionsentscheidungen nicht eine Domäne des Unternehmenssektors, und werden die Entscheidungen über die Einkommensverwendung und damit auch über die Ersparnis nicht von den Haushalten getroffen? Wer sorgt für die Übereinstimmung und vor allem wie?

Die mögliche Konfusion läßt sich beträchtlich reduzieren, wenn man sich vor Augen führt, daß die Kreislaufanalyse zunächst nur beabsichtigt, das Ergebnis des gesamtwirtschaftlichen Geschehens zu systematisieren und abzubilden. Insoweit wird nur das erfaßt und festgestellt, was tatsächlich erfahrbar ist. Im übrigen kann man sich - ohne einer intensiveren Beschäftigung mit diesem Thema, die an späterer Stelle erfolgen wird, bereits vorzugreifen - die Zusammenhänge etwa wie folgt klarmachen:

Die Unternehmen in einer Volkswirtschaft werden zu Beginn einer jeden Periode darüber entscheiden, in welchem Umfang sie zu investieren beabsichtigen. Und auch die privaten Haushalte werden sich Klarheit darüber verschaffen, wieviel sie sparen wollen. Eine Übereinstimmung der Entscheidungen dergestalt, daß die Höhe der Ersparnis dem Investitionsvolumen entspricht, dürfte vermutlich eher die Ausnahme denn die Regel sein.

Sofern die Höhe der geplanten Ersparnis die Höhe der geplanten Investitionen übersteigt, bedeutet dies nichts anderes, als daß die Unternehmen nicht in der Lage sind, einen Teil des von ihnen produzierten Gütervolumens abzusetzen. Bei hoher Ersparnis wird nämlich wenig konsumiert, da die privaten Haushalte ihr

Einkommen bekanntlich nur konsumtiv verwenden oder sparen können. Nicht absetzbare Güter aber werden in der Regel zunächst auf Lager genommen. In diesem Fall liegt eine Investition in Lagerbestände vor, die nicht beabsichtigt, also ungeplant war. Im Ergebnis gilt dann

$$S_{geplant} = I^{n}_{geplant} + I^{n}_{ungeplant},$$

$$S_{tatsächlich} = I^{n}_{tatsächlich},$$

so daß die ex-post-Identität erfüllt ist. Denkbar ist ebenso, daß die Unternehmen ihre ungünstige Absatzsituation zum Anlaß nehmen, die Produktpreise zu senken. Im Erfolgsfall wird dies die Haushalte dazu veranlassen, ihre ursprünglichen Konsumentscheidungen zu revidieren und weniger zu sparen. Dies aber bedeutet eine zunächst nicht beabsichtigte geringere Ersparnis. Im Endeffekt wird man wiederum feststellen können, daß die maßgebliche Entsprechung gilt:

$$S_{geplant} - S_{ungeplant} = I^{n}_{geplant}$$

$$S_{tatsächlich} = I^{n}_{tatsächlich}.$$

Sollte die geplante Ersparnis einmal kleiner ausfallen als das Niveau der gewünschten Investitionen, so läßt sich leicht analog argumentieren. Es wird, da die konsumtive Nachfrage nicht aus der aktuellen Produktion gedeckt werden kann, entweder zu Preisanhebungen oder zu einem Lagerabbau kommen. Beides aber bedingt eine Korrektur der zunächst getroffenen Entscheidungen. Entweder werden die (ausgeschütteten) Unternehmensgewinne steigen, was zusätzliche, ungeplante Ersparnisse bei den Unternehmenshaushalten bedeutet, oder ein Abbau von Lagerbeständen führt zu einer ungeplanten Reduktion des Investitionsvolumens. In beiden Fällen folgt daraus letztlich

$$S_{geplant} \pm S_{ungeplant} = I^{n}_{geplant} \pm I^{n}_{ungeplant}$$

$$S_{tatsächlich} = I^{n}_{tatsächlich}.$$

Welche Anpassungsprozesse im Marktgeschehen ansonsten noch ausfindig gemacht werden können, die bei einer ex-ante-Ungleichheit von S und I^n die ex-post-Identität gewährleisten, mag an dieser Stelle dahingestellt sein. Das Thema weist nämlich über den eigentlichen Gegenstandsbereich der Kreislaufanalyse hinaus; es ist von zentraler Bedeutung im Rahmen der Einkommens- und Beschäftigungstheorie, auf die später einzugehen ist. Zuvor sind die praktischen Konsequenzen der Kreislaufanalyse aufzuzeigen.

2.1.2 Die Volkswirtschaftliche Gesamtrechnung

Die Volkswirtschaftliche Gesamtrechnung will über das quantitative Ergebnis der wirtschaftlichen Tätigkeit in einer Volkswirtschaft informieren. Sie ist zeitraumbezogen, also keine Rechnung, die Bestandsgrößen erfaßt. Vielmehr sollen die während einer Wirtschaftsperiode neu geschaffenen Werte in Form von Gütern und Leistungen, die durch die im Produktionsprozeß eingesetzten Ressourcen entstanden sind, gemessen werden. Konzeptionell liefert dazu die Kreislaufanalyse die Grundlage. Dies wird deutlich, wenn man die gesamtwirtschaftlichen Produktionsaktivitäten, die im wesentlichen vom Unternehmens- und vom Staatssektor erfolgen, in einem gesonderten Konto zusammenstellt.

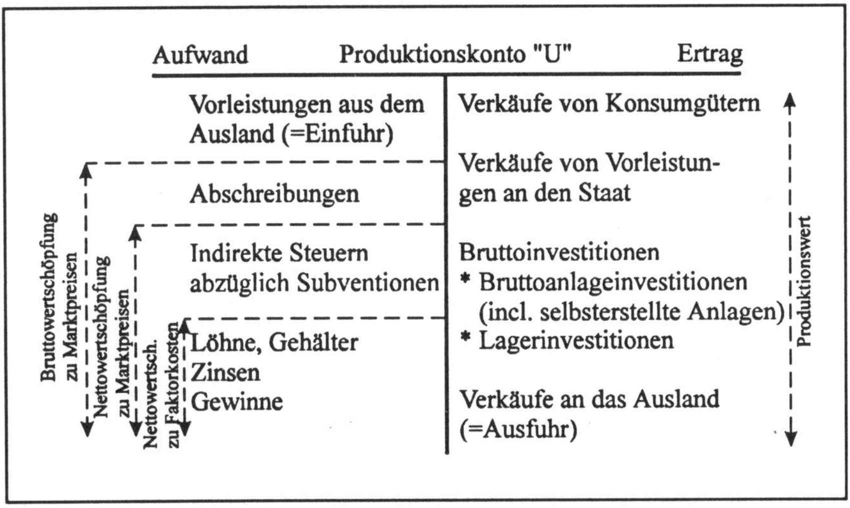

Abb. 2/5

Das Produktionskonto des Unternehmenssektors „U“ erfaßt auf der linken Seite alle Aufwandspositionen, die uns bereits aus der Kreislaufanalyse bekannt sind. Neu ist lediglich die zusätzliche Berücksichtigung der mit „Subventionen“ bezeichneten Position. Es handelt sich um finanzielle Vergünstigungen seitens des Staates, die kostensenkend wirken und insoweit als Negativsteuern angesehen werden können. Sie sind deshalb mit den kostenerhöhenden indirekten Steuern von vornherein saldiert worden.

Auf der Habenseite des Produktionskontos erscheinen all jene Positionen, die Erträge darstellen. Es sind dies die Güterverkäufe (an die privaten Haushalte, den Staat sowie das Ausland), die Bruttoinvestitionen sowie die Lagerbestandsveränderungen. Gemeinsam stellen sie den Produktionswert dar. Bringt man davon die Vorleistungen aus dem Ausland in Abzug, so erhält man die Bruttowertschöpfung.

Das Produktionskonto des Staatssektors hat grundsätzlich den gleichen Aufbau.

Aufwand	Produktionskonto "St." Ertrag
Vorleistungen vom Unternehmenssektor Abschreibungen Löhne, Gehälter Zinsen	Unentgeltliche Abgabe von Dienstleistungen (=staatlicher Eigenverbrauch)

Abb. 2/6

Die linke Seite erfaßt zunächst die Aufwendungen für die von den Unternehmen bezogenen Vorleistungen. Darüber hinaus sind die Abschreibungen sowie die Kosten für die Inanspruchnahme von Faktorleistungen (Löhne, Gehälter, Zinsen) notiert.

Die Ertragsseite des Produktionskontos dokumentiert das Produktionsergebnis. Es wird, wie bereits früher erwähnt, den inländischen Wirtschaftssubjekten im allgemeinen ohne ein spezielles Entgelt zur Verfügung gestellt. Daraus erwächst ein Bewertungsproblem. Während nämlich das Produktionsergebnis des Unternehmenssektors (die selbsterstellten Anlagen und Bestandsveränderungen einmal ausgenommen) über die Märkte abgesetzt wird, und die Marktpreise dabei die „natürlichen" Bewertungsmaßstäbe abgeben, fehlt ein vergleichbarer Wertansatz für die staatlicherseits produzierten Dienstleistungen. Sie werden daher zu Faktorkosten berechnet, d. h., der Produktionswert des staatlichen Outputs wird dadurch ermittelt, daß man sämtliche Kosten addiert, die im Zuge der Produktion entstanden sind. Es handelt sich um die auf der linken Kontenseite notierten Aufwandspositionen. Dies hat zur Konsequenz, daß das Produktionskonto des Staatssektors keinen Gewinn ausweisen kann.

Die staatliche Produktion müßte eigentlich dahingehend differenziert werden, daß sie einerseits von den Unternehmen als Vorleistung in Anspruch genommen und andererseits von den privaten Haushalten konsumtiv genutzt wird. Eine solche Zurechnung ist aber sachgerecht nicht möglich. Deshalb wird ein „staatlicher Eigenverbrauch" unterstellt und - häufig mißverständlich - von staatlichen Konsumaktivitäten geredet.

Konsolidiert man die Produktionskonten des Unternehmens- und des Staatssektors, faßt man also alle produktiven Aktivitäten zusammen, so erhält man eine Information über das Niveau der gesamtwirtschaftlichen Produktion.

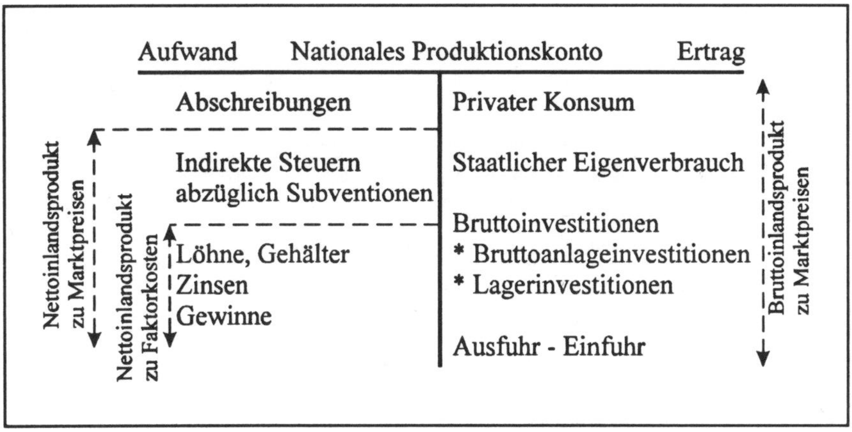

Abb. 2/7

Die Vorleistungsverflechtung zwischen dem Unternehmens- und dem Staatssektor fällt auf diese Weise heraus. Alle übrigen Positionen bleiben aber erhalten bzw. werden zusammengefaßt.

Auf der Ertragsseite des nationalen Produktionskontos notieren nun der private Konsum, der staatliche Eigenverbrauch, die Bruttoinvestitionen sowie die Ausfuhr, die ihrerseits mit dem Wert der Einfuhren bereits saldiert erscheint. Die Summe dieser Positionen nennt man das Bruttoinlandsprodukt zu Marktpreisen. Es informiert über den Wert der Endprodukte, die mit den im Inland eingesetzten Produktionsfaktoren während einer Wirtschaftsperiode erzeugt worden sind, und liefert den Anknüpfungspunkt für weitere Berechnungen.

Die Aufwandsseite des nationalen Produktionskontos 2/7 weist alle jene Positionen auf, die in der Abb. 2/5 als Bruttowertschöpfung bezeichnet wurden. Subtrahiert man die Abschreibungen, also den produktionsbedingten Verschleiß des Anlagevermögens, vom Bruttoinlandsprodukt zu Marktpreisen, erhält man das Nettoinlandsprodukt zu Marktpreisen. In ihm sind noch die indirekten Steuern abzüglich der Subventionen enthalten. Das Nettoinlandsprodukt zu Marktpreisen kann also noch nicht als Äquivalent für das Entgelt angesehen werden, das für die produktive Nutzung der Ressourcen aufgebracht werden muß. Erst eine Korrektur um den Saldo aus indirekten Steuern und Subventionen führt zum Nettoinlandsprodukt zu Faktorkosten. Dies steht für die Wertschöpfung, die dem Einkommen entspricht, welches den Haushalten aus der Inlandsproduktion zufließt.

Die verschiedenen Inlandsprodukte sind räumlich abgegrenzt. Sie informieren über den Wert der erstellten Leistungen, die innerhalb der Grenzen eines Landes von Inländern und Ausländern hervorgebracht wurden. Man kann auch den Wert von Leistungen beziffern, die durch die Nutzung von Ressourcen erzeugt wurden, welche sich im Besitz von Inländern befinden. Das wäre dann eine personelle Abgrenzung. Sie führt zum Begriff des Sozialprodukts. Zu diesem Zweck sind die einzelnen Inlandsprodukte um den Saldo der Faktoreinkommen zu korrigieren, die Inländer im Ausland und die Ausländer im Inland erwirtschaftet haben. Die folgende Übersicht macht dies deutlich und listet die maßgeblichen Begriffe noch einmal zusammenfassend auf.

Bruttoinlandsprodukt zu Marktpreisen (Inlandskonzept)
- Einkommen von Ausländern im Inland
+ Einkommen von Inländern im Ausland

Bruttosozialprodukt zu Marktpreisen (Inländerkonzept)
- Abschreibungen

Nettosozialprodukt zu Marktpreisen
- indirekte Steuern
+ Subventionen

Nettosozialprodukt zu Faktorkosten (=Volkseinkommen)
- direkte Steuern
+ Transfers

---

verfügbares Einkommen

Abb. 2/8

Eine Korrektur des Bruttoinlandsprodukts zu Marktpreisen um die Inlandseinkommen von Ausländern sowie die Auslandseinkommen von Inländern führt zum Bruttosozialprodukt zu Marktpreisen. Bringt man die Abschreibungen in Abzug, erhält man das Nettosozialprodukt zu Marktpreisen. Durch Subtraktion der indirekten Steuern und Addition der Subventionen errechnet sich das Nettosozialprodukt zu Faktorkosten oder auch Volkseinkommen. Es informiert über den Wert der gesamten Faktoreinkommen, die an Inländer im In- und Ausland während einer Wirtschaftsperiode gezahlt wurden.

An dieser Stelle bietet es sich an, auf einen weiteren Begriff hinzuweisen, der für viele Fragestellungen der makroökonomischen Theorie von Bedeutung ist: das verfügbare Einkommen. Man erhält es, wenn das Volkseinkommen um die direkten Steuern vermindert und um die Transferzahlungen erhöht wird.

Das verfügbare Einkommen ist die maßgebliche Grundlage für die konsumtiven bzw. nicht-konsumtiven Dispositionen der privaten Haushalte. Es kann durch staatliche Aktivitäten verändert werden, die vorwiegend sozialpolitisch motiviert sind. Von derartigen Entscheidungen sollen wir im Rahmen dieser Einführung allerdings absehen. Wir wollen im Gegenteil die elementaren makroökonomischen Theorien für eine Volkswirtschaft diskutieren, die weder Auslandbeziehungen unterhält noch einen Staat kennt. Das erleichtert die Übersicht, ohne die wesentlichen Zusammenhänge zu vernachlässigen. Für die zentralen Begriffe der Volkswirtschaftlichen Gesamtrechnung bedeutet dies aber, daß die verschiedenen Inlandsprodukte mit den entsprechenden Sozialprodukten identisch sind. Wegen der

Annahme, ein Staat existiere nicht, gilt zudem, daß das Nettosozialprodukt zu Marktpreisen dem Nettosozialprodukt zu Faktorkosten und dieses dem verfügbaren Einkommen entspricht.

Bevor wir uns dem damit angesprochenen Thema zuwenden, liegt es nahe, einige weitere volkswirtschaftliche Rechenwerke vorzustellen. Zunächst ist aber der Aussagewert der Volkswirtschaftlichen Gesamtrechnung zu problematisieren. Anknüpfungspunkt mögen dazu einige Zahlen aus der Volkswirtschaftlichen Gesamtrechnung für die Bundesrepublik Deutschland sowie einige Daten sein, die auf internationale Vergleiche abzielen.

Zeitraum [1]	Bruttowertschöpfung, bereinigt [2]	Nichtabziehbare Umsatzsteuer [3]	Einfuhrabgaben [4]	Bruttoinlandsprodukt	Saldo der Erwerbs- und Vermögenseinkommen zwischen Inländern und der übrigen Welt	Bruttosozialprodukt	Abschreibungen	Nettosozialprodukt zu Marktpreisen	Indirekte Steuern [5]	Subventionen	Nettosozialprodukt zu Faktorkosten (Volkseinkommen)
	In jeweiligen Preisen [7]										
1960	297,00	—	5,71	302,71	+ 0,29	303,00	23,63	279,37	41,78	2,52	240,11
1961	325,49	—	6,22	331,71	− 0,31	331,40	27,12	304,28	46,19	2,66	260,75
1962	353,45	—	7,33	360,78	− 0,28	360,50	31,23	329,27	50,06	2,90	282,11
1963	374,29	—	8,08	382,37	− 0,27	382,10	34,99	347,11	52,79	3,48	297,80
1964	412,01	—	8,17	420,18	− 0,58	419,60	38,96	380,64	57,48	4,09	327,25
1965	450,29	—	8,88	459,17	− 0,97	458,20	43,31	414,89	62,19	5,75	358,45
1966	479,53	—	8,70	488,23	− 0,83	487,40	47,77	439,63	65,50	5,65	379,78
1967	485,34	—	9,01	494,35	− 0,65	493,70	50,52	443,18	67,99	5,55	380,74
1968	496,22	30,99	6,07	533,28	+ 0,42	533,70	53,65	480,05	74,94	12,98	418,09
1969	552,48	37,62	6,85	596,95	+ 0,85	597,80	58,20	539,60	88,28	11,62	462,94
1970	627,97	39,91	7,42	675,30	+ 0,40	675,70	68,03	607,67	89,05	11,78	530,40
1971	696,73	45,04	7,98	749,75	+ 0,65	750,40	78,08	672,32	98,69	12,61	586,24
1972	764,87	49,38	8,87	823,12	+ 1,48	824,60	86,73	737,87	110,18	15,78	643,47
1973	855,61	52,28	9,38	917,25	+ 1,55	918,80	95,98	822,82	121,07	18,65	720,40
1974	920,61	54,43	8,89	983,93	− 0,23	983,70	107,78	875,92	125,04	18,86	769,74
1975	959,05	57,31	10,27	1 026,63	+ 1,07	1 027,70	117,24	910,46	130,28	20,39	800,57
1976	1 047,06	61,81	11,63	1 120,50	+ 3,30	1 123,80	125,77	998,03	141,92	22,13	878,24
1977	1 117,16	65,70	12,43	1 195,29	+ 0,31	1 195,60	134,01	1 061,59	152,52	24,63	933,70
1978	1 194,29	76,24	13,02	1 283,55	+ 5,85	1 289,40	144,39	1 145,01	167,56	29,70	1 007,15
1979	1 288,72	87,02	12,70	1 388,44	+ 5,36	1 393,80	157,80	1 236,00	183,16	31,16	1 084,00
1980	1 361,99	96,57	13,48	1 472,04	+ 5,36	1 477,40	175,00	1 302,40	193,47	30,65	1 139,58
1981	1 420,16	100,73	14,08	1 534,97	+ 4,63	1 539,60	190,62	1 348,98	198,29	29,12	1 179,81
1982	1 472,11	101,17	14,81	1 588,09	+ 2,21	1 590,30	203,69	1 386,61	201,68	29,25	1 214,18
1983	1 543,10	109,23	16,21	1 668,54	+ 7,16	1 675,70	214,93	1 460,77	214,39	31,72	1 278,10
1984	1 618,51	115,90	16,48	1 750,89	+12,41	1 763,30	226,37	1 536,93	226,13	36,33	1 347,13
1985	1 690,08	116,66	16,44	1 823,18	+11,32	1 834,50	235,36	1 599,14	230,31	37,94	1 406,77
1986	1 790,39	117,88	17,02	1 925,29	+10,81	1 936,10	243,69	1 692,41	236,17	41,31	1 497,55
1987	1 846,22	125,11	19,15	1 990,48	+12,52	2 003,00	252,30	1 750,70	245,50	44,80	1 550,00
1988	1 946,35	130,10	19,53	2 095,98	+12,02	2 108,00	263,09	1 844,91	257,11	47,74	1 635,54
1989	2 063,53	137,53	23,38	2 224,44	+24,66	2 249,10	279,45	1 969,65	278,33	46,78	1 738,10
1990	2 246,05	154,97	24,98	2 426,00	+22,60	2 448,60	303,01	2 145,59	302,22	48,83	1 892,20
1991	2 444,24	174,08	29,28	2 647,60	+20,40	2 668,00	332,84	2 335,16	337,33	45,65	2 043,48
1992	2 595,37	187,06	30,57	2 813,00	+ 6,80	2 819,80	359,69	2 460,11	364,40	45,00	2 140,71
1993	2 622,25	202,63	28,82	2 853,70	−10,90	2 842,80	379,16	2 463,64	379,30	44,89	2 129,23
1989 1. Hj.	992,45	67,87	11,21	1 071,53	+12,07	1 083,60	137,63	945,97	132,52	20,60	834,05
2. Hj.	1 071,08	69,66	12,17	1 152,91	+12,59	1 165,50	141,82	1 023,68	145,81	26,18	904,05
1990 1. Hj.	1 077,13	71,31	11,46	1 159,90	+ 9,80	1 169,70	148,47	1 021,23	138,88	21,71	904,06
2. Hj.	1 168,92	83,66	13,52	1 266,10	+12,80	1 278,90	154,54	1 124,36	163,34	27,12	988,14
1991 1. Hj.	1 180,75	85,70	13,95	1 280,40	+12,30	1 292,70	162,96	1 129,74	157,56	21,21	993,39
2. Hj.	1 263,49	88,38	15,33	1 367,20	+ 8,10	1 375,30	169,88	1 205,42	179,77	24,44	1 050,09
1992 1. Hj.	1 256,33	94,72	14,95	1 366,00	+ 4,60	1 370,60	177,24	1 193,36	178,14	20,50	1 035,72
2. Hj.	1 339,04	92,34	15,62	1 447,00	+ 2,20	1 449,20	182,45	1 266,75	186,28	24,50	1 104,99
1993 1. Hj.	1 265,36	101,09	13,35	1 379,80	+ 0,20	1 380,00	188,05	1 191,95	183,46	19,05	1 027,54
2. Hj.	1 356,89	101,54	15,47	1 473,90	−11,10	1 462,80	191,11	1 271,69	195,84	25,84	1 101,69
1994 1. Hj.	1 317,55	109,75	14,30	1 441,60	− 9,70	1 431,90	193,93	1 237,97	198,13	19,88	1 059,72

[1] Ab 1991 vorläufige Ergebnisse.
[2] Summe der Bruttowertschöpfung der Wirtschaftsbereiche abzüglich der unterstellten Entgelte für Bankdienstleistungen.
[3] Kassenaufkommen an Steuern vom Umsatz sowie einbehaltene Umsatzsteuer aufgrund von gesetzlichen Sonderregelungen (u. a. nach dem Berlinförderungsgesetz, für Lieferungen aus der ehemaligen DDR [§ 26 Abs. 4 UStG, bis 30. Juni 1990], für die Landwirtschaft [§ 24 UStG von 1967], für die Besteuerung von Kleinunternehmern [§ 19 UStG von 1979] sowie 1968 einmalig für die Entlastung der Altvorräte [§ 28 UStG von 1967]).
[4] Einfuhrzölle, Verbrauchsteuern auf Einfuhren, Abschöpfungsbeträge und Währungsausgleichsbeträge auf eingeführte landwirtschaftliche Erzeugnisse, jedoch ohne Einfuhrumsatzsteuer.

Tab. 2/1[1]

[1] Entnommen aus: Jahresgutachten 1994/95 des Sachverständigenrates zur Begutachtung der gesamtwirtschaftlichen Entwicklung, Tabelle 27*.

Jahr [2]	Bundesrepublik Deutschland [3]	Belgien	Frankreich	Großbritannien	Italien	Niederlande	Spanien	Österreich	Schweiz	Japan	Vereinigte Staaten
	DM	bfrs	FF	£	Lit	hfl	Ptas	S	sfr	¥	US-$
					Volkseinkommen						
1960	239,82	447,30	231,16	20,87	19,93	37,50	561	123,12	31,05	12,92	418,91
1961	261,06	471,89	252,77	22,06	22,12	39,25	643	136,17	34,81	15,60	432,87
1962	282,39	505,25	283,23	23,08	24,93	42,16	753	144,16	38,70	17,54	466,61
1963	298,07	543,02	316,11	24,51	28,49	45,63	895	155,01	42,59	20,25	493,53
1964	327,83	608,75	349,59	26,61	31,08	54,09	990	168,90	47,08	23,47	530,23
1965	359,42	667,22	377,40	28,65	33,53	60,33	1 152	182,89	50,49	26,16	577,07
1966	380,61	710,61	408,29	30,20	36,53	65,24	1 340	198,39	54,11	30,49	633,11
1967	381,39	756,19	443,35	31,60	40,11	71,54	1 529	210,95	58,34	36,11	667,62
1968	417,67	812,94	489,71	33,93	43,81	79,03	1 727	224,92	62,20	42,63	727,44
1969	462,09	904,11	556,24	36,36	48,57	90,65	1 969	246,86	67,06	50,10	784,71
1970	530,00	1 006,93	618,13	39,85	54,36	100,81	2 165	276,87	74,28	59,31	816,14
1971	585,59	1 107,29	687,63	44,30	59,35	112,54	2 460	307,66	84,74	64,75	879,56
1972	641,99	1 254,60	764,42	50,23	65,38	127,09	2 902	348,75	95,61	74,60	971,67
1973	718,85	1 441,60	876,09	58,31	79,30	146,44	3 494	393,06	107,27	91,80	1 092,34
1974	769,97	1 682,13	1 004,88	65,34	99,31	167,07	4 314	453,08	117,48	109,31	1 166,04
1975	799,50	1 870,75	1 126,66	82,97	114,12	182,59	5 064	486,15	117,48	121,18	1 250,17
1976	874,94	2 129,85	1 295,14	96,83	143,09	209,87	6 113	543,50	119,44	137,28	1 398,35
1977	933,39	2 289,44	1 471,33	112,45	174,34	227,41	7 766	593,01	121,78	151,49	1 566,22
1978	1 001,30	2 453,88	1 665,92	128,59	207,68	244,78	9 627	631,96	126,66	167,50	1 778,93
1979	1 078,64	2 623,64	1 876,99	149,04	257,17	260,90	11 159	690,00	132,96	180,43	1 974,03
1980	1 134,22	2 849,49	2 105,16	172,48	320,59	276,52	12 758	745,83	142,71	195,16	2 128,61
1981	1 175,18	2 943,36	2 377,42	186,56	381,91	288,68	14 084	785,15	154,70	207,82	2 368,86
1982	1 211,97	3 188,04	2 708,54	204,29	447,23	302,77	16 295	842,07	164,86	217,78	2 461,06
1983	1 270,94	3 373,88	2 991,95	225,43	516,17	312,41	18 390	890,29	171,65	226,59	2 647,38
1984	1 334,72	3 640,61	3 255,36	241,00	592,78	328,14	20 717	938,43	179,68	240,52	2 989,31
1985	1 395,45	3 893,70	3 510,87	266,33	660,58	342,71	22 632	994,17	191,92	255,39	3 201,59
1986	1 486,74	4 115,35	3 809,76	283,54	735,16	350,95	25 648	1 058,31	204,90	266,75	3 362,59
1987	1 537,48	4 243,30	3 995,73	312,64	797,80	352,61	28 836	1 099,75	214,25	275,69	3 614,08
1988	1 623,52	4 518,06	4 262,51	348,83	879,10	364,51	32 275	1 162,52	225,28	293,36	3 917,52
1989	1 713,44	4 879,16	4 586,81	385,16	957,50	386,16	36 249	1 240,97	243,68	311,24	4 155,30
1990	1 869,60	5 199,34	4 823,89	417,79	1 044,27	410,05	40 516	1 342,80	265,29	333,17	4 378,60
1991	2 023,08	5 465,04	5 006,82	431,34	1 131,74	430,46	44 396	1 438,03	281,28	352,37	4 482,50
1992	2 133,91	5 701,44	5 206,34	450,38	1 185,95	441,89	47 321	1 519,28	289,07	354,70	4 710,00

Tab 2/2[2]

2.1.3 Der Aussagewert der VGR-Kennziffern

Die Daten der Volkswirtschaftlichen Gesamtrechnung sind eine unerläßliche Voraussetzung für rationales wirtschaftspolitisches Handeln. Sie werden benötigt sowohl für den effizienten Instrumenteneinsatz wie für die Erfolgskontrolle. Entsprechend häufig ist deshalb die Verwendung von VGR-Kennziffern im Alltagsleben anzutreffen. Nicht gerade selten stehen dabei internationale Vergleich im Vordergrund, die mehr oder weniger deutlich beabsichtigen, Aussagen über Wohlstandsunterschiede zu treffen. Es darf in einem solchen Zusammenhang aber nicht unbeachtet bleiben, daß die Daten der Volkswirtschaftlichen Gesamtrechnung lediglich über quantitative Relationen informieren. Deren Erfassung, Bewertung und Interpretation werfen eine Vielzahl von Problemen auf.

Die Berechnung der Inlands- bzw. Sozialproduktsgrößen ist grundsätzlich auf drei verschiedenen Wegen möglich. Die Entstehungsrechnung etwa sucht den Zugang zu den gewünschten Informationen über die Produktionswerte der einzelnen Wirtschaftsbereiche. Die Verteilungsrechnung macht sich die Kenntnis zunutze, daß im Zuge der Produktion auch Einkommen entsteht. Und die Verwendungsrechnung fußt schließlich auf dem Sachverhalt, daß die im Inland produzierten Güter und

2 Entnommen aus: Jahresgutachten 1994/95 des Sachverständigenrates zur Begutachtung der gesamtwirtschaftlichen Entwicklung, Tabelle 4*.

Leistungen für die Zwecke des privaten Konsums, des Staatsverbrauchs, der Investition sowie der Ausfuhr Verwendung finden.

I. Entstehungsrechnung	**II. Verwendungsrechnung**
Produktionswert	Privater Verbrauch
– Vorleistungen	+ Staatsverbrauch
= Bruttowertschöpfung (unbereinigt)	+ Ausrüstungsinvestitionen
– Unterstellte Entgelte für Bankdienstleistungen	+ Bauinvestitionen
= Bruttowertschöpfung (bereinigt)	± Vorratsveränderung
+ Nichtabzugsfähige Umsatzsteuer	+ Ausfuhr
+ Einfuhrabgaben	– Einfuhr

= Bruttoinlandsprodukt zu Marktpreisen
± Saldo der Erwerbs- und Vermögenseinkommen zwischen Inländern und der übrigen Welt
= Bruttosozialprodukt zu Marktpreisen
– Abschreibungen
= Nettosozialprodukt zu Marktpreisen
– Indirekte Steuern
+ Subventionen
= Nettosozialprodukt zu Faktorkosten = Volkseinkommen

III. Verteilungsrechnung

Volkseinkommen

Bruttoeinkommen aus Unternehmertätigkeit und Vermögen	Bruttoeinkommen aus unselbständiger Arbeit
– Öffentliche Abgaben auf Einkommen aus Unternehmertätigkeit und Vermögen (direkte Steuern, u. ä.)	– Tatsächliche Sozialbeiträge der Arbeitgeber
± Sonstige Zu- und Absetzungen	– Unterstellte Sozialbeiträge
= Nettoeinkommen aus Unternehmertätigkeit und Vermögen	= Bruttolohn- und -gehaltssumme
	– Lohnsteuer
	– Tatsächliche Sozialbeiträge der Arbeitnehmer
	= Nettolohn- und -gehaltssumme (Nettoeinkommen aus unselbständiger Arbeit)

Abb. 2/9[3]

Die Übersicht 2/9 macht deutlich, daß die drei möglichen Berechnungswege konzeptionell zum gleichen Ergebnis führen. Faktisch weichen die Resultate jedoch immer voneinander ab und werden erst über Rundungen kompatibel.

Die Abweichungen können nicht überraschen, wenn man sich vor Augen führt, daß die Datenbasis jeder der drei Rechnungen unvollkommen sein dürfte. Der Entstehungsrechnung entziehen sich etwa solche Tatbestände wie Eigenverbrauch und Schwarzarbeit. Und die Verwendungsrechnung vermag Güterverkäufe ohne Rechnung ebensowenig zu erfassen, wie sich die Verteilungsrechnung schwer tut, den Umfang der nicht registrierten Einkommen adäquat zu berücksichtigen. In all diesen Fällen sind Schätzungen vonnöten, die naturgemäß Ungenauigkeiten entstehen lassen. Und es wäre verwunderlich, wenn bei internationalen Vergleichen diese Ungenauigkeiten in allen Ländern das gleiche Ausmaß annehmen würden.

[3] Entnommen aus: Jahresgutachten 1994/95 des Sachverständigenrates zur Begutachtung der gesamtwirtschaftlichen Entwicklung, Statistischer Anhang.

Konzeptionell wird zudem die Haushaltproduktion komplett vernachlässigt, da die Volkswirtschaftliche Gesamtrechnung nur die Marktvorgänge zu erfassen beabsichtigt. Alle Transaktionen, die nicht über die Märkte erfolgen, bleiben deshalb unberücksichtigt. Sofern das Ausmaß der familiären Selbstversorgung in einer Gesellschaft nennenswerte Größenordnungen erreicht, unterzeichnet die Volkswirtschaftliche Gesamtrechnung das Wohlstandsniveau folglich systematisch.

Hinzu treten Bewertungsprobleme. Die produktionswirtschaftliche Aktivität des Staates wird, wie wir gesehen haben, zu Faktorkosten bewertet. Dies führt dazu, daß mit jeder Lohn- und Gehaltssteigerung im öffentlichen Dienst rein rechnerisch ein höheres Produktionsvolumen der staatlichen Institutionen einhergeht. Ein unkritischer Vergleich internationaler Wirtschaftsdaten verbietet sich deshalb allein schon aus diesem Grund.

Außerdem läßt sich die Produktion in den verschiedenen Wirtschaftssektoren bekanntlich staats- oder privatwirtschaftlich organisieren, und die länderspezifischen Usancen differieren diesbezüglich - z. B. bei der Gesundheits- und Bildungsproduktion - durchaus beträchtlich. Insofern ist Vorsicht geboten bei der Interpretation von Wirtschaftsdaten, die aus Ländern mit signifikant unterschiedlichem Staatseinfluß stammen.

Der Hinweis auf die Bewertungsproblematik erinnert auch daran, daß die Volkswirtschaftliche Gesamtrechnung grundsätzlich Informationen über Wertgrößen liefert. Es handelt sich um Gütergesamtheiten, die in Geldeinheiten ihren Ausdruck finden. Von eigentlichem Interesse ist jedoch die reale Dimension des Gegenstandes, die Güterkomponente. Und um diese zu erhalten, ist ein weiterer Rechenschritt, die Preisbereinigung oder Deflationierung, notwendig. Es handelt sich um eine eher technische Operation, die in der Praxis aber erhebliche Probleme aufwirft.

Im übrigen sagen die absoluten Werte der VGR-Kennziffern wenig aus, wenn man nicht auch die Bevölkerungsentwicklung im Blick behält: Informationen über Wohlstandsunterschiede sind selbstverständlich nur sinnvoll, wenn man sie anhand von Pro-Kopf-Größen vornimmt. Ebenso muß der Verteilungsaspekt Berücksichtigung finden. Es dürfte nämlich nicht unerheblich sein, ob große Teile der Bevölkerung von der Teilhabe am Wohlstand ausgeschlossen sind, oder aber die Einkommensverteilung stärker egalitäre Züge trägt.

Internationale Wohlstandsvergleiche auf der Basis gesamtwirtschaftlicher Rechenwerke setzen natürlich auch voraus, daß die konzeptionelle Grundlage der Rechenwerke Vergleiche überhaupt zuläßt. Dies war etwa bei den früheren sozialistischen Ländern einerseits und den grundsätzlich marktwirtschaftlich organisierten Volkswirtschaften andererseits nicht der Fall. Während die marktwirtschaftlichen Länder sich an dem Konzept des sog. „System of National Accounts" (SNA) der Vereinten Nationen orientieren, erfolgte die Sozialproduktionsberechnung in den sozialistischen Ländern auf der Basis des sog. „Material Product System" (MPS). Letzteres fußt auf einem eigenwilligen Produktionsbegriff, der weite Bereiche des Dienstleistungssektors ausklammert, da er ihn als unproduktiv ansieht.

Darüber hinaus erfordern internationale Vergleiche eine einheitliche Dimension der Vergleichsgrößen. Die nationalen VGR-Kennziffern werden jedoch in den jeweiligen Landeswährungen berechnet. Es bedarf mithin eines Vergleichsmaßstabs. Als solcher fungiert üblicherweise der Wechselkurs. Damit ist allerdings die Frage nicht beantwortet, welcher Wechselkurs für Umrechungszwecke herangezogen werden sollte. Würde man sich auf die jeweils aktuellen Kurse verständigen, errechneten sich bei erratischen Kursschwankungen im Zeitablauf leicht unsinnige Größenordnungen.

Zwei abschließende Gesichtspunkte, die den Aussagewert der Inlands- bzw. Sozialprodukte unter Wohlstandsaspekten relativieren, verdienen noch besondere Aufmerksamkeit. Zum einen sind dies die konkreten Umstände des Produktionsprozesses, unter denen der gesamtwirtschaftliche Output erzeugt wird. Es macht etwa einen großen Unterschied, ob an wöchentlicher Arbeitszeit dazu 35 Stunden oder aber gar 60 Stunden notwendig waren, und wie es in diesem Zusammenhang beispielsweise mit der Sicherheit am Arbeitsplatz, der gesundheitlichen Beeinträchtigung u. a. bestellt war. Derartige Sachverhalte bleiben im Konzept der Volkswirtschaftlichen Gesamtrechnung gänzlich unberücksichtigt, stehen aber zweifellos für gewichtige Aspekte der Lebensqualität.

Zum anderen ist mittlerweile unstrittig, daß nicht jede Erhöhung der materiellen Güterversorgung auch eine Wohlstandssteigerung bedeutet. Die Umweltschutzdiskussion stellt dieses Argument deutlich heraus. Sofern im Zuge des produktiven und konsumtiven Geschehens die Umwelt durch Lärm und ökologisch fragwürdige Emission beeinträchtigt wird, oder es zu übermäßigem Abbau erschöpfbarer Ressourcen kommt, kann bedenkenlos nicht von einer Mehrung des Wohlstandes die Rede sein. Eine Beseitigung derartiger externer Effekte verursacht vielmehr Kosten, da Produktionsfaktoren beansprucht werden, die für alternative Produktionsmöglichkeiten nun nicht mehr zur Verfügung stehen. Und diese Kosten der Umweltreparatur führen gar, sofern sie über den Markt erfolgt, zu einem statistisch höheren Ausweis des Sozialprodukts. Alles in allem sind also erhebliche Vorbehalte angebracht, wenn man das Inlands- bzw. Sozialprodukt als Wohlfahrtsmaßstab verwenden will.

2.2 Die Zahlungsbilanz

Jede Volkswirtschaft unterhält wirtschaftliche Beziehungen zum Ausland. Diese sind besonders vielfältig und intensiv für solche Wirtschaftsräume, die sich in hohem Maße in die weltwirtschaftliche Arbeitsteilung integriert haben. Daraus erwächst ein Informationsbedürfnis: Die detaillierte Kenntnis der Beziehungen ist für viele Fragestellungen interessant. Die Volkswirtschaftliche Gesamtrechnung vermag dieses Informationsbedürfnis nicht hinreichend zu befriedigen, da sie die Außenhandelsströme regelmäßig nur aggregiert erfaßt. In der Abb. 2/4 etwa findet sich ebenso wie in den Abb. 2/5 und 2/7 lediglich die Berücksichtigung der globalen Ausfuhr- und Einfuhraktivitäten.

Die systematische und detaillierte Aufzeichnung aller ökonomischen Transaktionen zwischen Inländern und Ausländern für eine Wirtschaftsperiode wird Zahlungsbilanz („balance of payments") genannt. Sie ist ein Rechenwerk, das sich in seiner konzeptionellen Ausformung an die Volkswirtschaftliche Gesamtrechnung anlehnt und diese ergänzt. Dies wird deutlich, wenn man den Auslandssektor aus der Abb. 2/4 als Konto führt und die dort erfaßten Beziehungen verallgemeinert.

Zahlungsbilanz	
Transaktionen, die einen Devisenzufluß an das Inland bewirken	Transaktionen, die einen Devisenabfluß aus dem Inland bewirken

Abb. 2/10

Auf der linken Kontenseite sind jene Positionen aufgelistet, die aus der Sicht des Auslands „Aufwendungen" darstellen, und auf der rechten Kontenseite sind die entsprechenden „Erträge" notiert. Damit wird erkennbar, daß der Terminus „Zahlungsbilanz" eigentlich irreführt. Denn es handelt sich um eine Strom- und nicht um eine Bestandsrechnung. Der Bilanzbegriff der Betriebswirtschaftslehre, der eine stichtagsbezogene Vermögensrechnung beschreibt, ist also fehl am Platz. Gleichwohl ist die Rede von der Zahlungsbilanz allgemein üblich, obwohl auch Transaktionen erfaßt werden, die nicht mit Zahlungen verbunden sein müssen. Üblich ist es zudem, die verschiedenen Transaktionen in geeigneter Weise zu systematisieren und zu Teilbilanzen zusammenzufassen.

Die vielleicht bekannteste Teilbilanz ist die Handelsbilanz. Sie gibt Auskunft über die Aus- und Einfuhr von Waren; allerdings nur insoweit, als das Inland als Ursprungs- oder Bestimmungsland des Warenverkehrs gelten kann. Der Transithandel bleibt unberücksichtigt.

Handelsbilanz	
Warenexport (f. o. b.)	Warenimport (c. i. f.)

Abb. 2/11

Die wichtigste Informationsquelle für die Erstellung der Handelsbilanz ist die Außenhandelsstatistik, die vom Statistischen Bundesamt geführt wird. Es erfaßt den Warenhandel beim Grenzübergang mit den dort gültigen Wertansätzen. Das hat zur

Konsequenz, daß die Ausfuhren „fob“ (= free on board) und die Einfuhren „cif“ (= cost, insurance, freight) bewertet werden. In beiden Fällen zählt man die Transport-, Versicherungs- und sonstigen Kosten des Warenverkehrs, die bis zur Landesgrenze anfallen, zum Warenwert hinzu. Es liegt in der Logik einer derartigen Vorgehensweise, daß die Wertansätze ein und derselben Transaktion in den Zahlungsbilanzen der beteiligten Länder differieren, sofern keine gemeinsame Landesgrenze existiert. Die Differenz findet sich in der Dienstleistungsbilanz desjenigen Landes, das die entsprechende Leistung erbracht hat. In der Dienstleistungsbilanz werden nämlich die „unsichtbaren“ Ex- und Importe zusammengestellt.

Dienstleistungsbilanz	
Dienstleistungsexport	Dienstleistungsimport

Abb. 2/12

Dazu zählt eine Vielzahl recht heterogener Sachverhalte. Es geht um Ausgaben ausländischer Touristen im Inland (bzw. inländischer Touristen im Ausland) ebenso wie um Kapitalerträge, Transport- und Versicherungsleistungen, Hafendienste, Entgelte für Patente, Lizenzen u. ä.. Sofern Transaktionen einseitig erfolgen, finden sie ihren Niederschlag in der dritten Teilbilanz, der Übertragungsbilanz.

Übertragungsbilanz	
Übertragungen des Auslands an das Inland	Übertragungen des Inlands an das Ausland

Abb. 2/13

Als Bilanz der unentgeltlichen Leistungen erfaßt sie sämtliche Gegenbuchungen, die aus ökonomischen Transaktionen ohne Gegenleistung folgen. Es sind dies z. B. Zahlungen an und von supranationale(n) Institutionen wie die Europäische Union, Entwicklungshilfeleistungen, Renten, Pensionen oder auch die Überweisungen der Gastarbeiter in ihre Heimatländer.

Faßt man die Positionen der drei erwähnten Teilbilanzen zusammen, so ist damit die Leistungsbilanz definiert. Sie wird auch als Bilanz der laufenden Posten bezeichnet. In ihr kommt zum Ausdruck, in welchem Umfang sich die Nettoposition einer Volkswirtschaft gegenüber dem Ausland, also der Saldo aus Auslandsforderungen und -verbindlichkeiten, während der betreffenden Wirtschaftsperiode verändert hat. Die Veränderungen der Forderungen und Verbindlichkeiten selbst, die Inländer mit Ausländern begründen, werden, sofern nicht die zentrale Notenbank dabei beteiligt ist, in der Kapitalverkehrsbilanz (oder kurz: Kapitalbilanz) festgehalten.

Kapitalbilanz	
Kapitalimport (= Zunahme der Verbindlichkeiten von Inländern)	Kapitalexport (= Zunahme der Forderungen von Inländern)

Abb. 2/14

Ein Import von Kapital liegt vor, wenn die während einer Wirtschaftsperiode neu entstehenden Verbindlichkeiten den Umfang der Tilgungen aus alten Verpflichtungen übersteigen. Umgekehrt ist von einem Kapitalexport zu reden, wenn die Summe der Forderungen gegenüber Ausländern per Saldo zunimmt.

Die Vielfalt der Kapitaltransaktionen, zu denen etwa Wechsel- und Wertpapiergeschäfte, Dispositionen über Bankguthaben, der Erwerb von Grundbesitz oder auch von Unternehmensanteilen etc. zählen, macht eine Systematisierung erforderlich. Sie kann nach verschiedenen Gesichtspunkten vorgenommen werden. Am häufigsten ist die Unterscheidung nach dem Kriterium der Fristigkeit. Sie führt zu einer eigenständigen Bilanz des kurzfristigen Kapitalverkehrs, in der die neu erworbenen Forderungen und eingegangenen Verbindlichkeiten mit einer Laufzeit bis zu einem Jahr eingestellt werden, und einer Bilanz des langfristigen Kapitalverkehrs, welche die Veränderungen der Kreditbeziehungen mit einer Laufzeit von mehr als einem Jahr erfaßt.

Verändern sich die Forderungen und Verbindlichkeiten gegenüber dem Ausland unter Beteiligung der zentralen Währungsbehörde, dann notieren diese Aktivitäten in einer gesonderten Bilanz. Sie wird gemeinhin als Devisenbilanz bezeichnet und informiert über die „Veränderung der Nettoauslandsposition" der Zentralbank.

Devisenbilanz	
Abnahme des zentralen Gold- und Devisenbestandes	Zunahme des zentralen Gold- und Devisenbestandes

Abb. 2/15

Eine Verringerung des Bestandes an zentralen Gold- und Devisenreserven ist gleichbedeutend mit einer Abnahme der Forderungen bzw. einer Erhöhung der Verbindlichkeiten, die jeweils bei der zentralen Währungsbehörde festgestellt werden können. Devisen stellen nämlich nichts anderes dar als Forderungen in fremder Währung. Im Bedarfsfall können sie zu Zahlungszwecken Verwendung finden.

Manchmal ändert sich der Bestandswert der zentralen Währungsreserven allein aufgrund von Wertverschiebungen. Wechselkursvariationen z. B. verändern den Inlandwert eines gegebenen Währungsportefeuilles. Solche einseitigen Wertänderungen verlangen, da die Zahlungsbilanzkonzeption den Prinzipien der doppelten Buchführung gehorcht, nach einer (formalen) Gegenbuchung. Sie findet sich in einem eigens dafür eingerichteten „Ausgleichsposten zur Auslandsposition“ der zentralen Währungsbehörde. Diese Ausgleichsposten erfassen auch die Zuteilungen von Sonderziehungsrechten. Es handelt sich dabei um Gutschriften des Internationalen Währungsfonds, die ohne Gegenleistung erfolgen und ebenfalls zu Zahlungszwecken zur Verfügung stehen.

Berücksichtigt man ferner, daß die Datenbasis der Zahlungsbilanzstatistik - wie bei jeder anderen Statistik auch - unvollkommen sein dürfte, so ist abschließend eine Auffangposition notwendig, mit der diese Lücken formal geschlossen werden. Diese Auffangposition wird üblicherweise „Restposten“ genannt. Weniger geläufig ist die genauere Bezeichnung „Saldo der nicht erfaßten Posten und der statistischen Ermittlungsfehler“.

Über die Zahlungsbilanzsituation der Bundesrepublik Deutschland während der letzten Jahre informiert die Tab. 2/3.

Zeitraum			1990	1991	1992	1993
Leistungsbilanz	insgesamt		+ 75.703	- 32.243	- 34.382	- 33.170
	Handelsbilanz		+ 105.382	+ 21.899	+ 33.656	+ 60.966
	Ergänzungen zum Warenverkehr und Transithandel		- 1.609	+ 1.387	+ 711	- 3.849
	Dienstleistungsbilanz		+ 8.415	+ 2.952	- 18.759	- 38.605
	Übertragungsbilanz		-36.485	- 58.481	- 49.992	- 51.682
Kapitalbilanz	insgesamt		- 89.348	+ 19.659	+ 99.868	+ 20.823
	langfristiger	Kapitalverkehr	- 65.443	- 27.265	+ 39.702	+ 186.486
	kurzfristiger	Kapitalverkehr	- 23.905	+ 46.924	+ 60.166	- 165.663
Statistisch nicht aufgliederbare Posten			+ 24.621	+ 12.902	+ 3.259	- 23.419
Ausgleichsposten zur Auslandsposition der Bundesbank			- 5.105	+ 504	- 6.302	+ 1.530
Devisenbilanz			+ 5.871	+ 823	+ 62.442	- 34.237

Tab. 2/3[4]

[4] Quelle: Jahresgutachten 1994/95 des Sachverständigenrates zur Begutachtung der gesamtwirtschaftlichen Entwicklung, Tab. 65*.

2.3 Vorleistungsverflechtungen und die input-output-Tabelle

Mit der Zahlungsbilanz liegt eine akribische Information über Art und Umfang der außenwirtschaftlichen Verflechtung einer Volkswirtschaft vor. Das nun vorzustellende Rechenwerk gibt tieferen Einblick in die Produktions- und Lieferverflechtungen innerhalb einer Volkswirtschaft. Im Mittelpunkt des Interesses steht also das Produktionskonto, das im Rahmen der Volkswirtschaftlichen Gesamtrechnung bekanntlich die intrasektoralen Beziehungen des Unternehmenssektores aggregationsbedingt nicht sichtbar werden läßt. Für viele Fragestellungen der empirischen Wirtschaftsforschung sind aber gerade diese Beziehungen zwischen den einzelnen Wirtschaftsbereichen von besonderer Bedeutung. Wie man sie erfassen und abbilden kann, soll im folgenden der Übersichtlichkeit wegen anhand einer Drei-Sektoren-Gliederung demonstriert werden.

Vorleistungen an → / Vorleistungen von ↓	Primärer Wirtschaftsbereich (1)	Sekundärer Wirtschaftsbereich (2)	Tertiärer Wirtschaftsbereich (3)
Primärer Wirtschaftsbereich (1)	VL_{11}	VL_{12}	VL_{13}
Sekundärer Wirtschaftsbereich (2)	VL_{21}	VL_{22}	VL_{23}
Tertiärer Wirtschaftsbereich (3)	VL_{31}	VL_{32}	VL_{33}

Abb. 2/16

Die Matrix der Abb. 2/16 nennt man Vorleistungsmatrix oder Zentralmatrix. Sie listet in der Kopfspalte die liefernden und in der Kopfzeile die empfangenden Wirtschaftsbereiche einer Volkswirtschaft jeweils in derselben Reihenfolge auf. Die in der Matrix enthaltenden Werte VL_{ij} informieren dabei über die gegenseitigen Vorleistungsverkäufe und -käufe der einzelnen Wirtschaftsbereiche. Der Wert VL_{13} z. B. gibt an, in welchem Umfang der tertiäre Wirtschaftsbereich Waren und Leistungen vom primären Wirtschaftsbereich bezogen hat. Und die Größe VL_{22} bringt die Ströme innerhalb des sekundären Wirtschaftsbereichs zum Ausdruck. Insgesamt wird auf diese Weise sichtbar, welche Lieferungen zwischen den einzelnen und innerhalb der einzelnen Produktionssektoren als Vorleistungen stattgefunden haben.

Mit der Darstellung der Vorleistungsbeziehungen ist der Umfang des gesamtwirtschaftlichen Produktionsgeschehens natürlich nur unvollkommen erfaßt. Wie wir aus der Diskussion um die Konzeption der Volkswirtschaftlichen Gesamtrechnung wissen, beliefert der Unternehmenssektor auch die übrigen Akteure einer Volkswirtschaft und benötigt ebenso Input-Faktoren, die nicht von ihm selbst kommen. Auf der Output-Seite der Zentralmatrix ist deshalb noch die Endnachfrage - der private Konsum C_{pr}, der staatliche Eigenverbrauch C_{St}, die Bruttoinvestition I^b sowie die Ausfuhr EX - zu berücksichtigen, und die Spalten der Vorleistungsmatrix sind um die sog. „primären“ Produktionsfaktoren - die Abschreibungen D, die indirekten Steuern T_{ind} (abzüglich Subventionen), die Löhne und Gehälter L, die Zinsen und Gewinne Q sowie die Einfuhr IM - zu ergänzen. Die vollständige input-output-Tabelle hat dann folgendes Aussehen:

output ⟶ / input ↓	Primärer Sektor (1)	Sekundärer Sektor (2)	Tertiärer Sektor (3)	Privater Konsum (4)	Staatlicher Eigenverbrauch (5)	Bruttoinvestitionen (6)	Ausfuhr (7)	Σ (1) - (7): Produktionswert (8)
Primärer Sektor (1)	VL_{11}	VL_{12}	VL_{13}	$C_{pr,1}$	$C_{St,1}$	I_1^b	EX_1	PW_1
Sekundärer Sektor (2)	VL_{21}	VL_{22}	VL_{23}	$C_{pr,2}$	$C_{St,2}$	I_2^b	EX_2	PW_2
Tertiärer Sektor (3)	VL_{31}	VL_{32}	VL_{33}	$C_{pr,3}$	$C_{St,3}$	I_3^b	EX_3	PW_3
Abschreibungen (4)	D_1	D_2	D_3					
ind. Steuern abzügl. Subv. (5)	$T_{ind,1}$	$T_{ind,2}$	$T_{ind,3}$					
Löhne, Gehälter (6)	L_1	L_2	L_3					
Zinsen, Gewinne (7)	Q_1	Q_2	Q_3					
Einfuhr (8)	IM_1	IM_2	IM_3					
Σ (1) - (8): Produktionswert (9)	PW_1	PW_2	PW_3					

Endnachfrage

primärer Aufwand

Abb. 2/17

Rechts neben der Zentralmatrix, in der die Vorleistungsverflechtungen ihren Niederschlag finden, registriert die input-output-Tabelle die gesamtwirtschaftliche Endnachfrage, und die untere Randmatrix zeigt den Primäraufwand. Es ist unschwer zu erkennen, daß dies an die Aufwands- und Ertragsseite eines Produktionskontos aus der Volkswirtschaftlichen Gesamtrechnung erinnert. Zeilen- und spaltenweise addiert muß sich deshalb als Summe der Produktionswert errechnen.

Mit der input-output-Tabelle liegt das wichtigste Orientierungsdatum für die input-output-Analyse vor. Sie ist heute ein unverzichtbares Element eines jeden gesamtwirtschaftlichen Prognose- und Entscheidungsmodells und geht auf W. Leontief zurück. Die Nützlichkeit der input-output-Analyse kann man sich in aller Kürze folgendermaßen klarmachen.

Mit einer Division der einzelnen Werte aus der Zentralmatrix bzw. aus der Matrix des Primäraufwands durch den Wert der jeweiligen Spaltensumme (= Produktionswert) erhält man input-Koeffizienten. Diese informieren über die Kostenstruktur eines Wirtschaftsbereichs. Der Koeffizient

$$a_{13} = VL_{13}/PW_3$$

zeigt z. B. an, welcher Anteil an Vorleistungen, die vom primären Wirtschaftsbereich stammen, im Produktionswert des tertiären Wirtschaftsbereichs enthalten ist. Ebenso informiert etwa

$$l_2 = L_2/PW_2$$

über den Anteil der Löhne und Gehälter am Produktionswert des sekundären Wirtschaftsbereichs.

Liegen für alle Input-Werte derartige Koeffizienten vor, und sind diese input-Koeffizienten über einen hinreichend langen Zeitraum als konstant anzusehen - eine derartige Annahme ist zumindest auf kurze Sicht nicht unplausibel -, dann lassen sich wichtige Einsichten in die sektorale Interdependenz des gesamtwirtschaftlichen Produktionsprozesses gewinnen. Steigt etwa die Exportnachfrage, die vornehmlich aus der Produktion des primären Wirtschaftsbereichs befriedigt werden möge, so gestattet die input-output-Analyse unter Zuhilfenahme der Methoden der linearen Algebra eine Aussage darüber, in welchem Umfang die Produktion sich daraufhin in den übrigen Wirtschaftsbereichen erhöht und welchen Beschäftigungsanstieg dies z. B. in den einzelnen Wirtschaftsbereichen zur Folge hat. Eine intensive Erörterung dieses Themas sprengt allerdings den Rahmen eines einführenden Lehrbuchs zur Makroökonomik.

3. Elementare Makroökonomik

Dieses Kapitel bietet eine Einführung in die beiden konkurrierenden Theorieansätze der grundlegenden Makroökonomik: das (neo-)klassische Interpretationsmuster einerseits und den keynesianischen Deutungsversuch andererseits. Ein solches Vorhaben ist natürlich nicht voraussetzungslos möglich. Man kommt nicht umhin, drastisch zu vereinfachen, wenn man die entscheidenden Konklusionen deutlich machen will. Und im Interesse der Vergleichbarkeit sollte die Diskussion möglichst innerhalb desselben methodischen Rahmens erfolgen.

Diesen Anforderungen wollen wir entsprechen, indem wir uns - wie bereits früher erwähnt - mit einer Volkswirtschaft beschäftigen, die weder Auslandsbeziehungen unterhält noch einen Staat als Nachfrager kennt. Im übrigen teilen wir die Volkswirtschaft in eine überschaubare Anzahl von Märkten ein, auf denen die wesentlichen Aktivitäten stattfinden. Es sind dies der Güter-, der Arbeits- sowie der Geldmarkt.

Auf dem Gütermarkt fallen die Entscheidungen über die Produktion, das Angebot und die Nachfrage von (nach) Gütern und Leistungen. Das Geschehen auf dem Arbeitsmarkt handelt von dem Angebot an und der Nachfrage nach Beschäftigung, und auf dem Geldmarkt treffen die Wünsche, Geld zu halten, auf die angebotene Geldmenge. Vorzunehmen ist also eine Analyse der jeweils marktspezifischen Angebots- und Nachfragebedingungen. Wir beginnen mit der (neo-)klassischen Version.

3.1 Die gesamtwirtschaftliche Aktivität aus (neo-) klassischer Sicht

Das Credo der Klassiker, ihre grundsätzliche Auffassung über den Ablauf des Wirtschaftsgeschehens in Marktwirtschaften, hat in dem Bild von der „invisible hand“ weite Verbreitung gefunden. Danach sorgen flexible Preise auf allen Märkten, sofern sie nur wettbewerblich organisiert sind, für den Marktausgleich. Engpässe oder Überschüsse, Arbeitslosigkeit und/oder Kapitalmangel passen nicht zu einer solchen Vorstellung - jedenfalls nicht als Tatbestände von Dauer. Es mag zwar im Einzelfall Anpassungsprobleme geben, da Marktreaktionen Zeit beanspruchen; langfristig und dauerhaft jedoch bewirkt die Konkurrenz der Einzelakteure untereinander, daß sich auf den Märkten ein Gleichgewicht herausbildet.

Der Charme einer solchen Überzeugung rührt nicht zuletzt daher, daß sich ein gesellschaftlich wünschenswertes Ergebnis einstellt, welches unabhängig von individuellen Absichten ist [Denn nicht dem Wohlwollen des Bäckers, sondern seinem Eigeninteresse verdanken wir unser Brot. (A. Smith)]. Es wundert deshalb nicht, daß die klassische Vorstellung von einer sich selbstregulierenden Marktwirtschaft auch eine normative Kraft entfaltete. Die politische Schlußfolgerung, der Staat möge das Wirtschaftsleben weitgehend unangetastet lassen, lag und liegt nahe.

3.1.1 Der Güter- und Realkapitalmarkt

Eine Analyse der Angebotsbedingungen des (neo-)klassischen Gütermarktes macht es erforderlich, sich zunächst mit der Produktionsfunktion zu beschäftigen. Sie beschreibt die technisch-organisatorische Dimension eines Produktionsprozesses, indem sie die physischen Einheiten des Produktionsertrages mit jenen des Faktoreinsatzes funktional verknüpft:

$$\text{output} = f(\text{inputs}).$$

Da wir eine gesamtwirtschaftliche Fragestellung vor uns haben, können wir als output das reale Inlands- oder Sozialprodukt verwenden. Auf der Input-Seite unterscheiden wir lediglich die beiden Produktionsfaktoren Arbeit und Kapital. Alle sonstigen Einflußgrößen seien gegeben und konstant.

Der Faktor Arbeit mißt die Leistungen der selbständig und unselbständig Beschäftigen, und der Faktor Kapital steht für alle sächlichen Produktionsmittel, insbesondere für Gebäude und technische Ausrüstungen. Der fragliche Zusammenhang läßt sich unter diesen Umständen auch als

$$\text{Sozialprodukt} = f(\text{Arbeit, Kapital}) \text{ oder}$$

$$Y = Y(B, K)$$

notieren. Damit ist noch nichts über die konkreten Eigenschaften des funktionalen Zusammenhangs ausgesagt. Dies geschieht erst durch die Annahme, die maßgebliche Produktionsfunktion sei neoklassisch. Die Bedeutung dieser Annahme macht man sich am besten anhand eines Zahlenbeispiels klar.

K ↓ \ B →	0	1	2	3	4	5	6
0	0	0	0	0	0	0	0
1	0	50	90	(120)	140	150	155
2	0	80	(120)	150	170	180	185
3	0	105	145	175	195	[205]	210
4	0	(120)	160	190	210	220	225
5	0	130	170	200	220	230	235
6	0	135	175	[205]	225	235	240

Tab. 3/1

Die Tabelle läßt zunächst erkennen, daß die beiden Produktionsfaktoren Arbeit und Kapital gegenseitig substituierbar sind. So ist z. B. ein Sozialprodukt i. H. v. Y = 120 durch die alternativen Faktorkombinationen (B = 3; K = 1), (B = 2; K = 2) und (B = 1; K = 4) erreichbar. Ebenso können Y = 205 Einheiten Sozialprodukt mittels der Faktormengen (B = 3, K = 6) oder (B = 5; K = 3) erzeugt werden. In all diesen Fällen bleibt das Produktionsniveau unverändert, wenn von dem einen Produktionsfaktor mehr und von dem anderen weniger im Produktionsprozeß Verwendung findet. Die Substituierbarkeit hat allerdings Grenzen; denn auf einen der beiden Produktionsfaktoren gänzlich zu verzichten, ist offenbar nicht möglich. Darüber informieren die erste Zeile und die erste Spalte der Tabelle. Sie sind jeweils mit Nullen besetzt.

Im übrigen macht die Tabelle deutlich, daß jeder vermehrte Einsatz von Produktionsfaktoren auch positive Ertragskonsequenzen zur Folge hat. Dies ist unmittelbar einsichtig und wenig überraschend. Die positiven Ertragskonsequenzen zeigen sich allerdings nicht gleichförmig, sondern durchgängig abnehmend. Je mehr von dem Faktor Arbeit oder Kapital im Produktionsprozeß bereits eingesetzt wird, um so geringer sind die durch vermehrten Einsatz möglichen (immer positiven) zusätzlichen Erträge. Die Größenordnungen, um die es im Beispiel geht, lassen sich mittels Differenzenquotienten messen.

	2	**3**	**4**	**5**	**6**
ΔY/ΔB	40	30	20	10	5
ΔY/ΔK	30	25	15	10	5

Tab. 3/2

Unabhängig davon, mit welchem (positiven) Kapitaleinsatz produziert wird, stets steigt der Ertrag z. B. um ΔY = 40, wenn man den Arbeitseinsatz von B = 1 auf B = 2 erhöht. Und eine zusätzliche Kapitaleinheit mehr im Produktionsprozeß führt, wenn zuvor etwa K = 3 verwendet wurden, immer zu einem Ertragszuwachs i. H. v. ΔY = 15.

Verallgemeinert man diese Eigenschaften, und unterstellt man beliebige Teilbarkeit der Variablen, dann kann der maßgebliche Sachverhalt auch als ein Ertragsgebirge im dreidimensionalen Raum abgebildet werden.

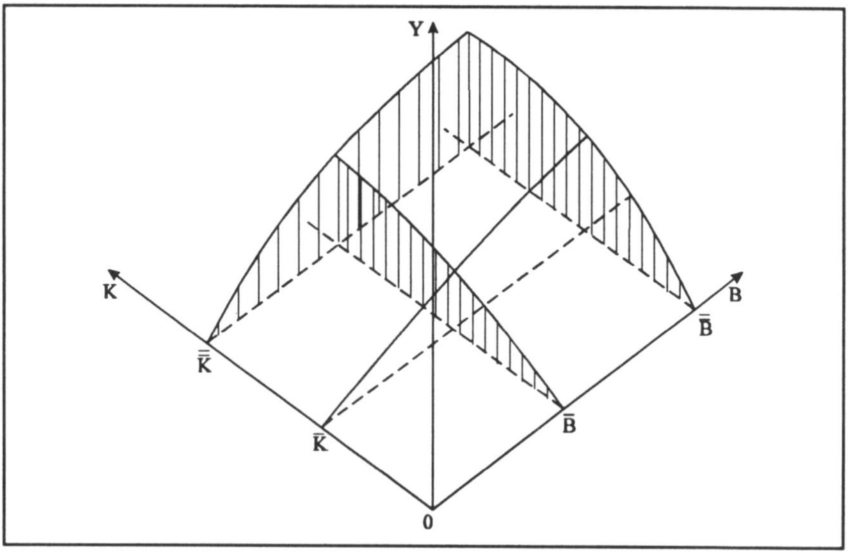

Abb. 3/1

Die begrenzte Substituierbarkeit zeigt sich nun darin, daß die Kurven des Ertragsgebirges in jene Achsen einmünden, auf denen die Faktoreinsatzmengen abgetragen sind. Das Ertragsgebirge „wächst“ ansonsten überall, und die abnehmenden zusätzlichen Erträge infolge zusätzlicher Faktoreinsatzmengen zeigen sich in den abnehmenden Steigungen jeder der Kurven. Besonders deutlich kommt dies zum Ausdruck, wenn die Ertragskonsequenzen einer partiellen Faktorvariation graphisch dargestellt werden.

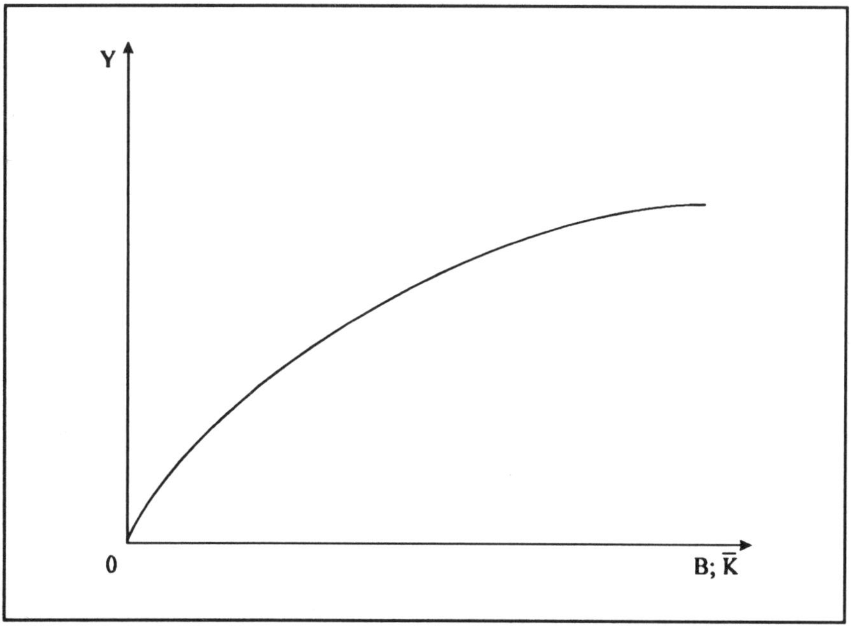

Abb. 3/2

Abb. 3/2 informiert über die Entwicklung des Produktionsergebnisses bei alternativen Einsatzmengen des Produktionsfaktors Arbeit und bei konstantem Kapitaleinsatz. Die Kurve verläuft durch den Koordinatenursprung und hat überall positive Steigung, die von Anfang an abnimmt. Die beiden letzten Eigenschaften können nun, da wir von einer Differenzen- zu einer Differentialbetrachtung übergegangen sind, durch den Differentialquotienten zum Ausdruck gebracht werden. Leitet man die Produktionsfunktion partiell nach B ab, so erhält man $\delta Y / \delta B > 0$ (= das Produktionsergebnis zusätzlicher Arbeitsleistungen ist stets positiv). Der Differentialquotient $\delta Y / \delta B$ wird Grenzproduktivität des Produktionsfaktors Arbeit genannt.

Eine erneute partielle Ableitung nach B ergibt $\delta^2 Y / \delta B^2 < 0$ (= die Grenzproduktivität nimmt durchgängig ab). Graphisch folgt daraus etwa das Bild 3/3.

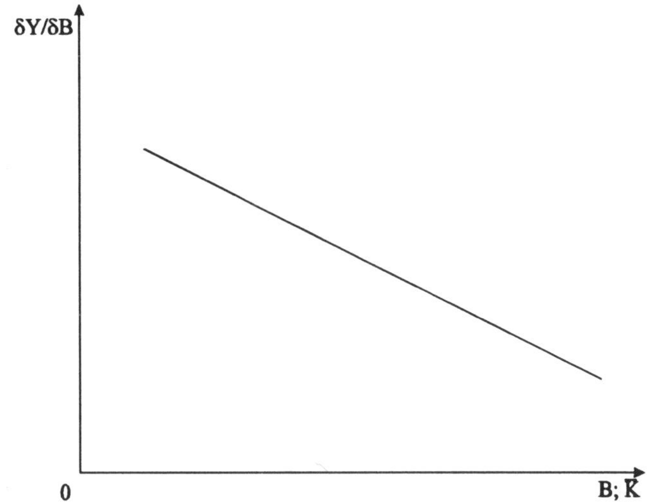

Abb. 3/3

Die Zusammenhänge zwischen der Entwicklung des Produktionsertrags und - bei unveränderten Arbeitsleistungen - einer Variation des Kapitaleinsatzes stellen sich ähnlich dar. Die Eigenschaften der gesamtwirtschaftlichen Produktionsfunktion Y = Y(B, K) lassen sich deshalb kennzeichnen durch

$$\delta Y/\delta B > 0 \text{ mit } \delta^2 Y/\delta B^2 < 0 \text{ und}$$
$$\delta Y/\delta K > 0 \text{ mit } \delta^2 Y/\delta K^2 < 0.$$

Mit dieser Feststellung ist natürlich noch keine Aussage über den tatsächlichen Umfang der Produktion und damit über das reale Güterangebot Y^S möglich, das die Märkte erreicht. Dazu sind weitere Informationen erforderlich. Sie sind u.a. in dem spezifischen Forschungsinteresse der Klassiker zu finden.

Das besondere Augenmerk der Klassiker galt der Frage: Wie entsteht der „Reichtum der Nationen“, welchen Verteilungsgesetzen ist er unterworfen und welche Verwendung findet er? Mit den Ursachen des Wohlstandes, den Faktoren also, die das Niveau des während einer Periode erzeugten Einkommens maßgeblich bestimmen, beschäftigte sich vor allem A. Smith. Und seine Antwort war ein Appell an die Menschen, ihre Geschicklichkeiten und Fähigkeiten zu nutzen. Sie war ein Plädoyer für die Arbeitsteilung, die Freiheit der wirtschaftlichen Betätigung und die Konkurrenz. Daraus erwachse nicht Chaos, sondern mehr Wohlstand für alle.

Freilich bedarf es dazu eines bestimmten institutionellen Rahmens, den man mit „vollständiger Konkurrenz“ beschreiben kann. Unter derartigen Bedingungen üben die einzelnen Wirtschaftssubjekte je für sich keinen spürbaren Einfluß auf die Gesamtsituation eines Marktes aus. Sie haben vielmehr keine andere Wahl, als die ihnen vorgegebenen Marktpreise zu akzeptieren und ihre Kauf- bzw. Verkaufswünsche daran auszurichten. Zwar sind die Marktpreise das Resultat der Entscheidungen aller, das Handeln eines jeden einzelnen ist jedoch durch die Preise bestimmt.

Unterstellt man, daß sämtliche Produktionsentscheidungen unter solchen Bedingungen zustande kommen, so reicht es aus, sich mit der Entscheidungssituation eines „repräsentativen" unternehmerischen Akteurs zu beschäftigen und die dabei gewonnenen Erkenntnisse zu verallgemeinern. Die makroökonomische Produktions- und Güterangebotshypothese ist dann mikrofundiert.

Aus der Sicht eines typischen Produzenten läßt sich das Entscheidungsproblem wie folgt beschreiben: Der individuelle Vorteil - der aus unternehmerischer Tätigkeit mögliche Gewinn Q - soll unter den gegebenen Umständen maximal werden. Der erzielbare Preis p für das erzeugte Produkt ist vom Absatzmarkt vorgegeben. Gleiches gilt für die Preise der Produktionsfaktoren, den Lohn w und den Zins i. Sie bilden sich auf den entsprechenden Beschaffungsmärkten. Die Produktion selbst gehorcht den technischen Gesetzmäßigkeiten der neoklassischen Produktionsfunktion.

Ein derart charakterisiertes Entscheidungsproblem mündet in die einfache Maximierungsaufgabe

(1) $Q = p \cdot Y - (w \cdot B + i \cdot K) \text{ ---> max!}$ bzw.

$Q = p \cdot Y(B,K) - (w \cdot B + i \cdot K) \text{ ---> max!}$

Der Gewinn Q als Differenz aus dem Erlös $p \cdot Y$ (merke: im Zuge der Verallgemeinerung wird aus dem Preis p ein Durchschnittswert aller Güterpreise, also das Preisniveau) und den Lohnkosten $w \cdot B$ sowie den Kapitalkosten $i \cdot K$ ist zu maximieren. Leitet man diese Funktion nach den beiden Argumenten B und K partiell ab, so führt das zu den Bedingungen

(2) $\delta Q/ \delta B = p \cdot (\delta Y/ \delta B) - w = 0$ und

$\delta Q/ \delta K = p \cdot (\delta Y/ \delta K) - i = 0,$

die uns u. a. die Frage beantworten, welches Produktionsvolumen erwartet werden kann (Die Bedingungen zweiter Ordnung lassen wir der Einfachheit halber außer acht). Es lohnt sich, diese Bedingungen näher zu betrachten. Eine erste Umformung ergibt

(2a) $p \cdot (\delta Y/ \delta B) = w$ und

$$p \cdot (\delta Y / \delta K) = i.$$

Damit ist ausgesagt, daß die mit dem Absatzpreis (= dem Preisniveau) bewerteten Grenzproduktivitäten den jeweiligen Beschaffungspreisen entsprechen müssen. Ökonomisch verbirgt sich dahinter nichts anderes als der Sachverhalt, daß im Gewinnmaximum der Verkaufserlös, der aus der letzten Produkteinheit möglich wird, den Kosten zu entsprechen hat, die aufzuwenden sind, um gerade diese letzte Produkteinheit zu erzeugen. Dies wird auch durch eine zweite Umformung deutlich. Eine Division der Bedingungen (2a) durch die jeweiligen Grenzproduktivitäten führt zu

(2b) $p = (\delta B / \delta Y) \cdot w$ und

$$p = (\delta K / \delta Y) \cdot i.$$

Bei den Quotienten $(\delta B / \delta Y)$ und $(\delta K / \delta Y)$ handelt es sich um die Kehrwerte der Grenzproduktivitäten. Diese Kehrwerte informieren jeweils über den zusätzlichen Faktorverbrauch, den eine zusätzliche Produktionsmenge notwendig macht. Eine Bewertung des zusätzlichen Faktorverbrauchs mit den jeweiligen Faktorpreisen steht dann für die zusätzlichen Faktorkosten, die bei einer Ertragsänderung anfallen. Im Gewinnmaximum hat also der erzielbare Produktpreis den Kosten des zusätzlichen Faktorverbrauchs zu entsprechen. In einer dritten Umformung ergibt sich darüber hinaus

(2c) $(\delta Y / \delta B) = (w/p)$ und

$$(\delta Y / \delta K) = (i/p).$$

Danach gilt, daß die Grenzproduktivität der Arbeit dem Reallohn (w/p) - das ist die in Gütereinheiten bewertete Entlohnung des Produktionsfaktors Arbeit - und die Grenzproduktivität des Kapitals dem Realzins (i/p) zu entsprechen haben, wenn ein Gewinnmaximum vorliegen soll. In einer vierten Ausprägung schließlich zeigt sich - wenn die Bedingungen (2) zueinander in Beziehung gesetzt werden - die Formulierung

(2d) $(\delta Y / \delta B) : (\delta Y / \delta K) = w/i.$

Das Verhältnis der Grenzproduktivitäten hat dem Verhältnis der Faktorpreise gleich zu sein. Diese Formulierung ist besonders instruktiv. Sie gibt über das Einsatzverhältnis der Ressourcen im Produktionsprozeß Auskunft.

Sieht man die technische Ergiebigkeit der Produktionsfaktoren - die Grenzproduktivitäten - als gegeben an, dann ist das Einsatzverhältnis der Ressourcen im Produktionsprozeß - die Faktorintensität - offenbar von der Faktorpreisrelation abhängig. Steigt etwa der Lohnsatz w, so erfordert die Bedingung (2d) im Interesse des Gewinnmaximums eine Anpassung der Grenzproduktivitätsrelation. Die Grenzproduktivität der Arbeit muß zu- oder/und die Grenzproduktivität des

Kapitals muß abnehmen. Wegen der neoklassischen Eigenschaften der Produktionsfunktion bedeutet dies aber, daß die Beschäftigung gesenkt werden oder/und mehr Kapital Verwendung finden wird. Die Kapitalintensität K/B steigt. Bei unverändertem Produktionsniveau folgt daraus, daß der Faktor Kapital den Faktor Arbeit substituiert.

Nun hatten wir uns früher darauf verständigt, im Rahmen dieses Lehrbuches die langfristige Perspektive ökonomischer Abläufe auszuklammern und uns auf kurzfristige Zeiträume zu konzentrieren. Als kurzfristig hatten wir jene Periode definiert, innerhalb der der volkswirtschaftliche Kapitalstock unverändert bleibt. Berücksichtigen wir diese Vereinbarung bei der hier vorliegenden Thematik, dann ist eine Anpassung des Kapitalbestandes ausgeschlossen. Veränderungen des relativen Lohnsatzes führen unter solchen Umständen allein zu Beschäftigungsanpassungen. Und diese wiederum sind über die Produktionsfunktion mit dem output-Niveau eindeutig verknüpft.

Damit sind wir in der Lage, ein erstes wichtiges Fazit zu ziehen. Die Diskussion um die Eigenschaften der neoklassischen Produktionsfunktion ließ bekanntlich die Frage nach dem Produktionsumfang und daher auch die Frage nach der Höhe des gesamtwirtschaftlichen Güterangebots unbeantwortet. Nunmehr können wir diese Informationslücke schließen, indem wir auf den relativen Lohn (genauer: den Reallohn (w/p)) und die damit einher gehende Nachfrage nach Arbeitsleistungen verweisen. Steigende (fallende) Reallöhne werden dazu führen, daß die unternehmerische Nachfrage nach Arbeitsleistungen abnimmt (zunimmt) und die - wegen des konstanten Kapitalbestandes - allein von den Arbeitsleistungen abhängige Produktionsaktivität ebenfalls sinkt (steigt): Die Produktion und das gesamtwirtschaftliche Güterangebot Y^S sind negativ mit dem Reallohn korreliert. Abb. 3/4 macht dieses Fazit noch einmal deutlich.

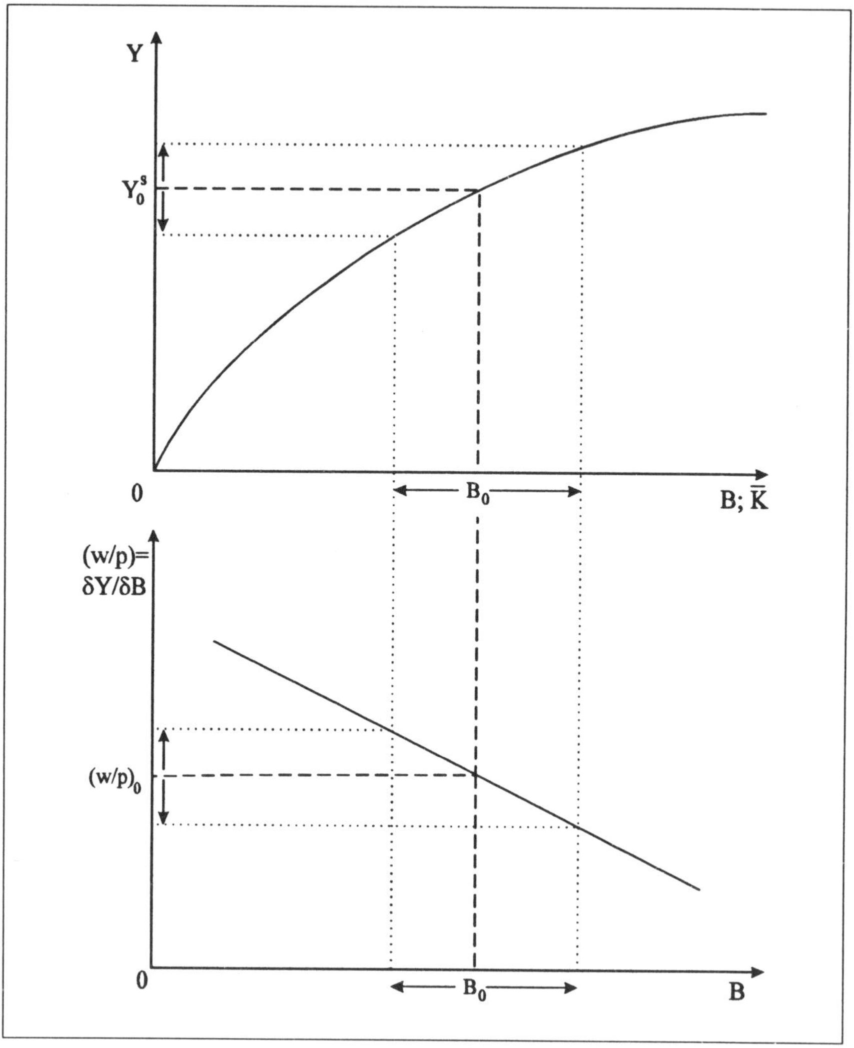

Abb. 3/4

Nachdem die Determinanten des gesamtwirtschaftlichen Güterangebots geklärt sind, gilt es nun, die Nachfrageseite des Gütermarktes zu analysieren. Ist damit zu rechnen, daß die Produktionsmenge von der Nachfrage auch absorbiert wird? Welche Faktoren beeinflussen die Nachfrageentscheidungen?

Die Anwort im Rahmen des klassischen Interpretationsmusters ist einfach und kompliziert zugleich. Sie besteht in dem Hinweis auf das Theorem von J. B. Say, wonach es keine allgemeine „Verstopfung der Absatzwege" geben kann. Die populäre Fassung des Theorems lautet: Jedes Angebot schafft sich seine eigene Nachfrage. Was aber heißt das, und wie hat man sich das vorzustellen? Es erleichtert das

Verständnis, wenn wir die Bedeutung des Sayschen Theorems zunächst anhand einer Naturalwirtschaft aufzeigen.

In Naturalwirtschaften werden Güter gegen Güter getauscht. Die Tauschobjekte müssen zuvor hergestellt werden. Dies geschieht im allgemeinen arbeitsteilig unter Beachtung von Effizienzgesichtspunkten, d. h. nach dem Kriterium des komparativen Vorteils. Die Produktion selbst erfordert Mühe. Die Menschen unterziehen sich dieser Mühe nicht, weil sie ihnen Lustgewinn bedeutet; sie ist vielmehr Mittel zum Zweck. Das Ergebnis mühevoller Tätigkeiten sind nämlich Güter und Leistungen, mit denen Bedürfnisse befriedigt werden können. Und diese Güter und Leistungen werden entweder selbst in Anspruch genommen, ober sie werden am Markt angeboten, um sie gegen jene Begehrlichkeiten einzutauschen, die aus der Herstellung anderer Produzenten stammen.

Die über den eigenen Bedarf eines jeden Produzenten hinausgehende Erzeugung wird nun nicht planlos erfolgen, sondern sich daran orientieren, welche Gütermenge man nachzufragen wünscht, um seine Bedürfnisse möglichst umfassend zu befriedigen. Jeder Produktionsentscheid ist insoweit immer auch ein Entschluß nachzufragen, da niemand bereit sein wird, Güter und Leistungen um ihrer selbst willen zu erzeugen. Ein zusätzliches Angebot bedeutet deshalb immer auch zugleich zusätzliche Nachfrage, so daß es eine allgemeine und dauerhafte Überproduktion niemals geben kann.

Mit einer solchen Vorstellung ist natürlich die Tatsache vereinbar, daß auf einzelnen Märkten nicht alle Erzeugnisse Abnahme finden. Dem stehen dann jedoch Engpässe auf anderen Märkten gegenüber, auf denen die Produktion mit der Nachfrage nicht Schritt halten kann. Dies wird insgesamt dazu führen, das die relativen Preise in Bewegung geraten und letztlich einen Ausgleich auf allen Teilmärkten besorgen. Alles in allem also kann es sich allenfalls um partielle Absatzprobleme handeln, die überdies temporärer Natur sind: Eine allgemeine und anhaltende „Verstopfung der Absatzwege“ ist ausgeschlossen.

Überzeugt eine solche Überlegung auch, wenn wir realitätsnäher, d. h. anhand einer Geldwirtschaft argumentieren? Offenbar dann nicht, wenn man es für möglich hielte, daß es Sinn machen könnte, Geld um seiner selbst willen zu besitzen und es nicht auszugeben. Eine derartige Vorstellung aber ist nach klassischer Auffassung - wie später noch genauer darzulegen ist - völlig absurd. Geld an sich ist danach ein wenig nützliches Objekt. Geld befriedigt unmittelbar keine Bedürfnisse. Das einzig Sinnvolle, das man mit Geld anstellen kann, ist, es auszugeben, um Bedürfnisbefriedigung durch den Genuß der mit Geld erworbenen Güter und Leistungen zu erlangen.

Andererseits ist offenkundig, daß in jeder Volkswirtschaft zu allen Zeiten das gesamtwirtschaftliche Einkommen nicht nur konsumtive Verwendung fand und findet. Liegt möglicherweise mit der Spartätigkeit, dem Verzicht auf realen Konsum also, ein Anhaltspunkt vor, der Ungleichgewichte auf dem makroökonomischen Gütermarkt zu erklären vermag? Eine derartige Frage ist nach klassischer Auffassung ebenfalls unangebracht. Die Nachfragelücke, die sich durch die Spartätigkeit potentiell auftut, wird nämlich sofort wieder geschlossen durch eine Investition in derselben Größenordnung. Sparen und Investieren sind insoweit vergleichbare, wenn nicht gar identische Vorgänge. Sie beeinflussen die Struktur der gesamtwirtschaftlichen Nachfrage, verändern indes nicht ihr Niveau.

Sofern es sich bei dem Investor und dem Sparer um ein und dieselbe Person handelt, ist eine derartige Sicht der Dinge auch durchaus angebracht. Und wenn man sich die allgemeinen Lebensumstände zuzeiten der Klassiker vor Augen führt, dann kann ein solcher Standpunkt auch nicht überraschen. Wie aber steht es um die Plausibilität und Überzeugungskraft des Sayschen Theorems heute, da doch der überwiegende Teil der gesamtwirtschaftlichen Ersparnis als ein Resultat von Dispositionen gelten muß, welche die privaten Haushalte treffen, und die Investitionsentscheidungen im Unternehmenssektor fallen? Ist auch unter diesen Umständen damit zu rechnen, daß die geplante Ersparnis dem gewünschten Investitionsniveau entspricht? Und wenn ja, wie wird die Übereinstimmung sichergestellt?

Zur Beantwortung dieser Frage ist es zweckmäßig, den realwirtschaftlichen Aspekt des Problems und seine finanzwirtschaftliche Dimension deutlich auseinanderzuhalten. Die Investitionsnachfrage etwa ist realwirtschaftlich gesehen der Wunsch nach physischen Produktionsmitteln. Dieser Vorgang will finanziert sein. Im allgemeinen und überwiegend erfolgt die Finanzierung durch eine Aufnahme von Fremdmitteln. Wenn wir der Einfachheit halber von der Selbstfinanzierung völlig absehen, so bedeutet also die Entscheidung zu investieren immer gleichzeitig auch die Entscheidung, sich finanzwirtschaftlich zu verschulden. Dies geschieht durch den Verkauf einer finanziellen Verpflichtung, z. B. eines Wertpapiers.

Analog verhält es sich mit der Spartätigkeit. Der Verzicht auf unmittelbaren Konsum ist gleichbedeutend mit dem Erwerb einer finanziellen Forderung. Der Anbieter von Realersparnis ist also immer zugleich auch ein Nachfrager nach Wertpapieren. Kurzum: Das Geschehen auf dem Realkapitalmarkt spiegelt sich insgesamt in den Vorgänge auf dem Markt für Wertpapiere.

Was aber bringt die Menschen nun dazu, auf den unmittelbaren Genuß, den sofortigen Konsum, zu verzichten? Die Unterscheidung zwischen dem Realkapitalmarkt einerseits und dem Wertpapiermarkt andererseits legt die Antwort bereits nahe: es ist der Zins. Er steht nach (neo-)klassischer Diktion für den in Gütereinheiten bewerteten Ertrag, der aus dem Konsumverzicht erwächst. Sofern die Opportunitätskosten der Spartätigkeit - der Entgang an aktueller Bedürfnisbefriedigung - geringer sind als die Aussichten auf den zukünftig möglich, umfangreicheren Konsum, ist Sparen offenbar ein rationales Unterfangen. Es wird zunehmen, sobald der Ertrag dieser Handlungsalternative steigt, und abnehmen, wenn er sinkt. Anders gewendet: Die gesamtwirtschaftliche Ersparnis ist positiv abhängig von dem realen Zinsertrag. Es gilt: $S = S(i/p)$ mit $dS/d(i/p) > 0$.

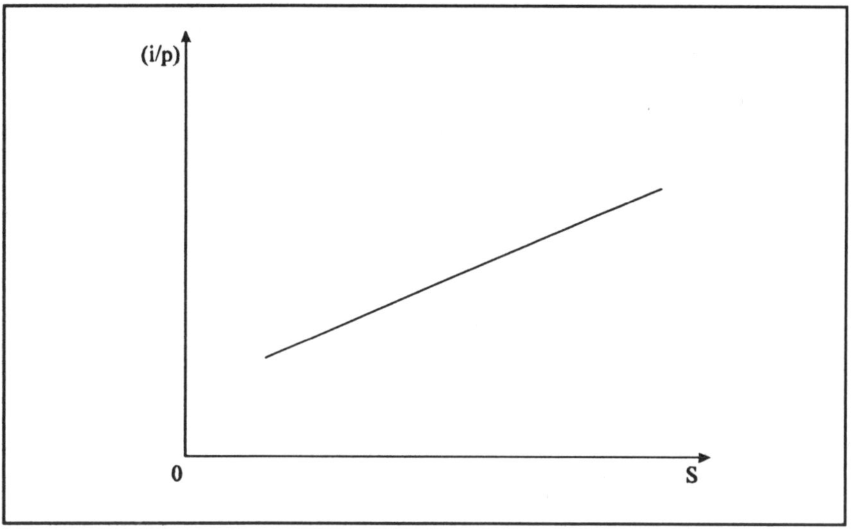

Abb. 3/5

Nun hatten wir früher bereits die Investitonsnachfrage abgeleitet und ihr Motiv ausfindig gemacht, ohne dies allerdings sonderlich zu betonen. Der Gewinnmaximierungskalkül nämlich forderte, daß die Grenzproduktivität des Kapitals sich an dem Realzins auszurichten hat. Und die Grenzproduktivität des Kapitals reagiert auf Erhöhungen des Kapitalbestandes - wegen der neoklassischen Eigenschaften der Produktionsfunktion - immer positiv, wenn auch durchgängig fallend. Führt man sich vor Augen, daß eine Erhöhung des Kapitalbestandes stets eine Investition bedeutet, so folgt daraus die zentrale Botschaft: Die Investitionsnachfrage ist negativ abhängig vom Realzins. Es gilt: $I = I(i/p)$ mit $dI/d(i/p) < 0$.

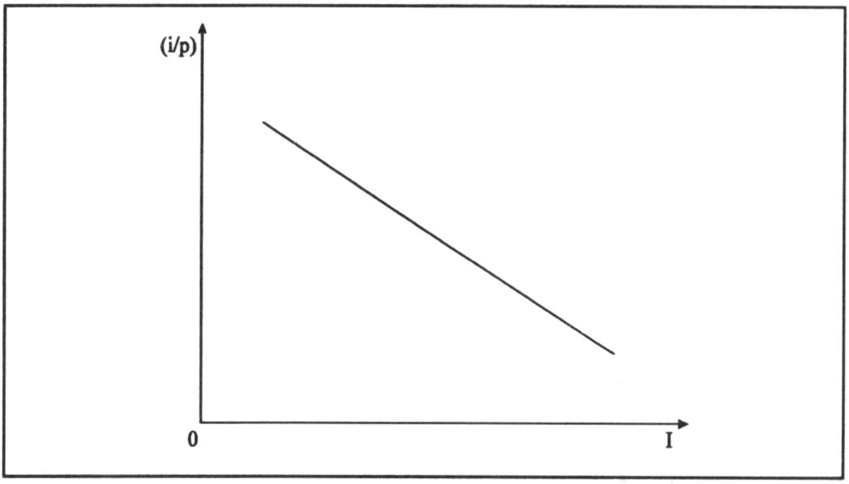

Abb. 3/6

Der Realkapitalmarkt, der ökonomische Ort des Zusammentreffens von Konsumverzicht und Investitionsnachfrage also, ist die maßgebliche Instanz, welche über die Gültigkeit des Sayschen Theorems entscheidet.

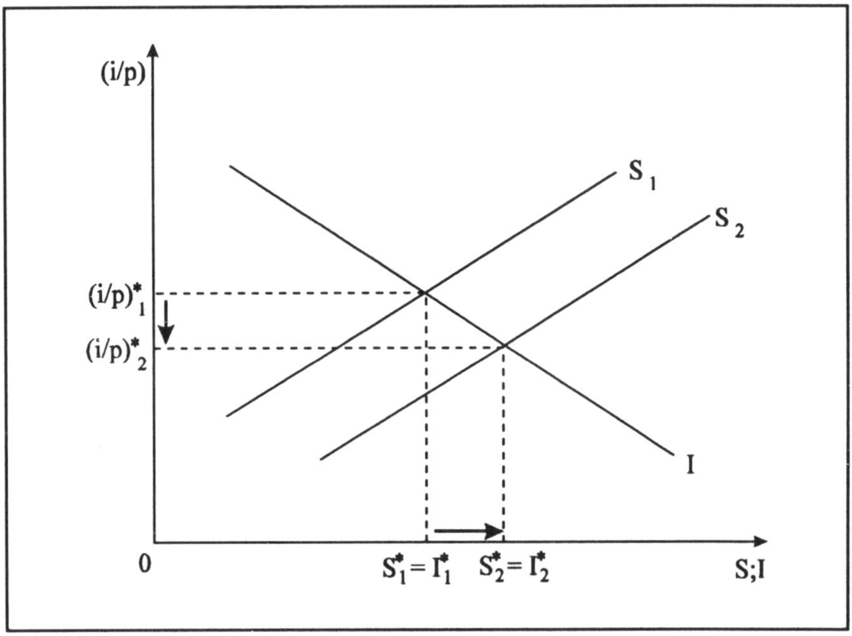

Abb. 3/7

Der flexible Realzins besorgt den Marktausgleich und stellt auf diese Weise sicher, daß die gesamtwirtschaftliche Ersparnis dem Investitionsvolumen entspricht. Eine erhöhte Spartätigkeit etwa führt nach einer solchen Vorstellung nicht zu einem Nachfrageausfall und damit zu Absatzproblemen. Sie bewirkt vielmehr eine Zinssenkung, die ihrerseits die Investitionsnachfrage so lange stimuliert, bis der Marktausgleich wieder erreicht ist.

Einschränkend müssen wir zu diesem Erklärungsmuster allerdings erwähnen, daß die Investitionen nicht kapazitätswirksam werden dürfen; denn eine Veränderung des Kapitalbestandes hatten wir früher mit unserem Interesse an der Analyse kurzfristiger Zeiträume ausgeschlossen. Ansonsten wären wir gehalten, uns erneut mit den Bestimmungsfaktoren des Produktionsniveaus und damit des Güterangebots zu beschäftigen. Da wir letzteres bekanntlich als allein abhängig von der Höhe des Reallohnes und folglich des Arbeitseinsatzes angesehen hatten, bedeutet dies für den hier vorliegenden Zusammenhang, daß wir lediglich den Nachfrageeffekt der Investitionen berücksichtigen. Die Investitonsnachfrage beeinflußt also nicht das Niveau der gesamtwirtschaftlichen Produktion, sondern nur seine Struktur.

Die Einsicht, daß die Zinsflexibilität auf dem Realkapitalmarkt für die Gültigkeit des Sayschen Theorem sorgt, kann natürlich auch durch eine Analyse des Wertpapiermarktes gewonnen werden; handelt es sich bei ihm doch um die Kehrseite ein und derselben Medaille. Wir wollen dies anhand eines typischen Wertpapiers, einer Anleihe, demonstrieren.

Mit der Begebung einer Anleihe verpflichtet sich der Emittent, dem Käufer des Wertpapiers einen bestimmten Geldzins zu zahlen. Darüber hinaus werden auch die Rückzahlungsmodalitäten, die Sicherheiten usw. vereinbart. Die vertraglich fixierte Zinszahlung erfolgt im allgemeinen jährlich. Ihre Höhe basiert auf dem nominellen Wert des Papiers, dem festgelegten, zum Ende der Laufzeit rückzahlbaren Betrag. Der faktische Verkaufs- bzw. Kaufpreis der Anleihe, ihr Kurs, bildet sich hingegen auf dem Markt, und in Abhängigkeit von diesem Tageswert errechnet sich die jeweilige effektive Verzinsung, die sog. Rendite. Möge der Nominalwert einer Anleihe z. B. 5.000 DM und der nominelle Geldzins 8 % p. a. betragen, so resultieren daraus die folgenden Werte:

Kurs ⟶	absoluter Kauf- bzw. Verkaufspreis	absoluter Zinsbetrag 8 % von 5.000 DM	Rendite
80 %	4.000	400	10 %
100 %	5.000	400	8 %
133,3 %	$6.666,\overline{6}$	400	6 %
160 %	8.000	400	5 %

Tab. 3/3

Da der absolute Zinsbetrag (8 % von 5.000 DM) vereinbarungsgemäß festliegt, variiert die Rendite gegenläufig zum Kurs. Die erste und die letzte Spalte machen deutlich, daß niedrige Kurse hohe Renditen nach sich ziehen und umgekehrt. Kurz: Zwischen Kurs und Rendite besteht eine eindeutige, negative Relation.

Nun hatten wir früher darauf hingewiesen, daß der Wertpapierhandel die finanzwirtschaftliche Dimension der Spar- und Investitionstätigkeit darstellt. Der Sparentscheid findet seine Entsprechung in der Wertpapiernachfrage, und die reale Investitionsnachfrage kann gleichzeitig als Wertpapieremission verstanden werden. Im Marktdiagramm abgebildet ergibt dies das folgende Bild:

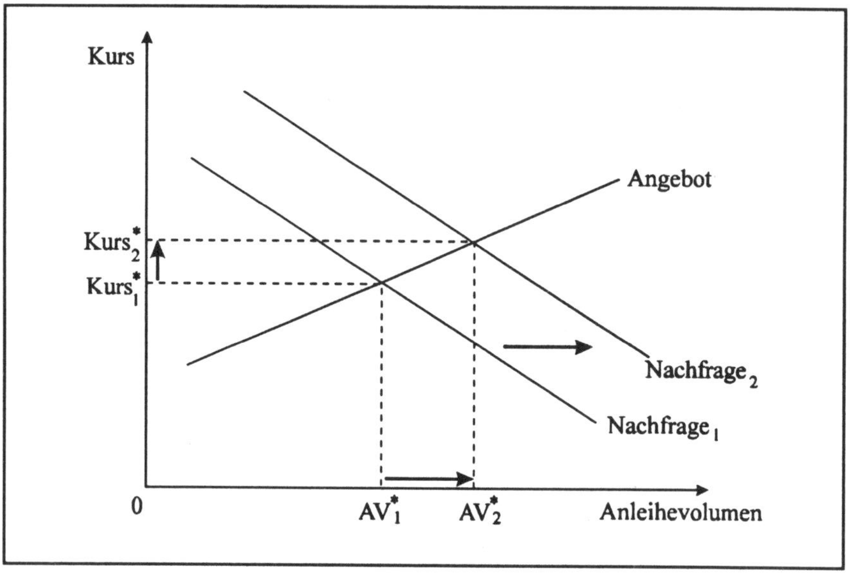

Abb. 3/8

Die Nachfrage nach Wertpapieren präsentiert sich „normal". Bei hohen Kursen, also niedrigen Renditen, ist die Nachfrage gering. Sinkende Kurse, also ein steigendes effektives Zinsniveau weiten die Nachfrage aus.

Ebenso verhält es sich mit dem Wertpapierangebot. Ein niedriges Kurs-(= hohes Zins-)niveau wird das Angebot gering halten. Steigende Kurse und folglich sinkende Renditen werden zu einer Angebotsausweitung führen.

Die wettbewerbliche Organisation des Wertpapiermarktes sichert mit dem Gleichgewichtskurs den Marktausgleich. Dieser gleichgewichtige Kurs stellt das Korrelat zum natürlichen Zins dar, der für die Übereinstimmung von gesamtwirtschaftlicher Ersparnis und Investition auf dem Realkapitalmarkt sorgt.

Nach einem derartigen Verständnis kann auch eine sich verstärkende Präferenz für zukünftigen Konsum das Saysche Theorem nicht in Frage stellen. Eine vermehrte Spartätigkeit bedeutet nämlich eine Nachfrageausweitung auf dem Wertpapiermarkt, die über steigende Kurse das Emissionsvolumen anreizt. Der neue, höhere gleichgewichtige Kurs bedingt ein niedrigeres Renditeniveau und der zugehörige natürliche Zins wird ebenfalls gesunken sein.

Fassen wir die bisher gewonnenen Erkenntnisse also zusammen. Das gesamtwirtschaftliche Angebot an Gütern und Leistungen ist nach (neo-)klassischer Auffassung letztlich allein abhängig von der Höhe des Reallohnes. Die gesamtwirtschaftliche Nachfrage wird das produzierte Güter- und Leistungsvolumen, in welcher Höhe es auch immer zustande kommen mag, wegen der Gültigkeit des Sayschen Theorems komplett absorbieren. Als entscheidender Regulator erweist sich dabei der wettbewerblich bestimmte, flexible Realzins. Er sorgt dafür, daß jeder gesamtwirtschaftliche Konsumverzicht, jede reale Ersparnis also, seine Entsprechung in einer Investitionsnachfrage gleicher Größenordnung findet. Der Realkapitalmarkt ist dabei nicht entscheidend für das Niveau der Güternachfrage und -produktion. Er beeinflußt lediglich deren Struktur. Der gesamtwirtschaftliche Gütermarkt befindet sich insoweit stets im Gleichgewicht. Allgemeine und dauerhafte Überproduktionen, Absatzkrisen und dergleichen mehr stellen deshalb kein Problem dar, mit dem man sich ernsthaft beschäftigen müßte.

Unter Verwendung mathematischer Symbole führt dies zu dem Schluß:

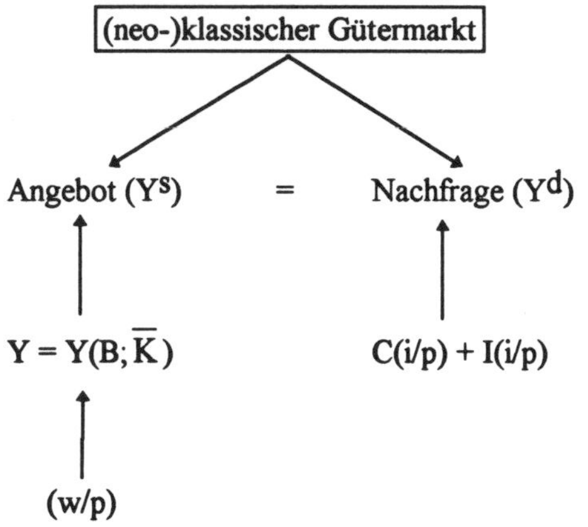

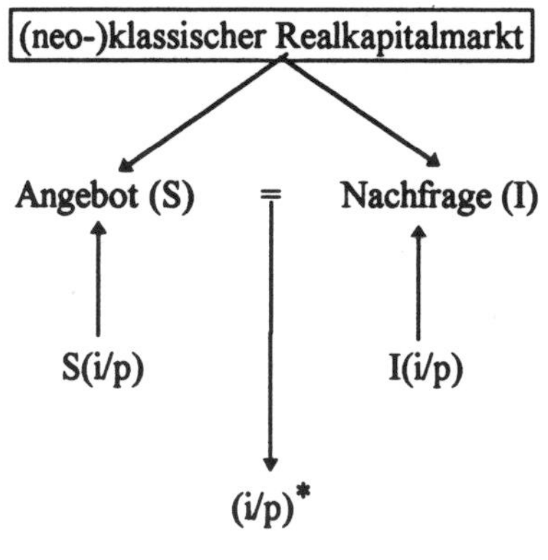

Der Gütermarkt wird stets geräumt, da der flexible Zins auf dem Realkapitalmarkt die Übereinstimmung der gesamtwirtschaftlichen Ersparnis mit dem Investitionsvolumen sicherstellt. Wegen der Zinsabhängigkeit der Ersparnis erweist sich dabei auch der Konsum als zinsdeterminiert, denn bei gegebenem Einkommen geht jede Ersparnis zu Lasten des Konsums.

Ein Rechenbeispiel:

In einer Volkswirtschaft mögen sich die Produktionsbedingungen durch die Produktionsfunktion $Y = 4.B^{0,5}.K^{0,75}$ beschreiben lassen. Der Kapitalbestand sei mit K = 625 gegeben. Ebenso seien der Nominallohn mit w = 75 sowie das Preisniveau mit p = 15 bekannt. Aus der Produktionsfunktion

(1) $Y = 4 \cdot B^{0,5} \cdot K^{0,75}$

errechnet sich dann wegen des gegebenen Kapitalbestandes K = 625
die Ertragsfunktion

(2) $Y = 500 \cdot B^{0,5}$.

Über die Grenzproduktivität der Arbeit informiert die erste Ableitung der Ertragsfunktion (2) in Form von

(3) $dY/dB = 250 \cdot B^{-0,5}$.

Da aus dem Gewinnmaximierungskalkül bekannt ist, daß die Grenzproduktivität dem realen Faktorpreis zu entsprechen hat, läßt sich mit

(4) $dY/dB = w/p$, also

$250 \cdot B^{-0,5} = 75/15$

die gewinnmaximierende Einsatzmenge des Produktionsfaktors Arbeit bestimmen. Sie beläuft sich auf B = 2.500 und ermöglicht, eingesetzt in die Ertragsfunktion (2), ein Produktionsvolumen i. H. v. $Y^S = 25.000$.

3.1.2 Der Arbeitsmarkt

Es ist zweckmäßig, der Analyse des Arbeitsmarktes zunächst eine Bemerkung zur Sprachregelung voranzustellen - anderenfalls liegen Mißverständnisse nahe, die ihren Ursprung in der Umgangssprache haben. Aus wirtschaftstheoretischer Sicht handelt es sich bei dem Arbeitsmarkt nämlich um den ökonomischen Ort des Tausches von Arbeitsleistungen. Hier treffen das Angebot an und die Nachfrage nach produktiv verwertbaren Leistungen aufeinander. Und als Anbieter fungiert dabei typischerweise derjenige, der umgangssprachlich im allgemeinen als Arbeitnehmer bezeichnet wird. Der gemeinhin Arbeitgeber genannte Akteur ist dann folglich jenes Wirtschaftssubjekt, das wirtschaftstheoretisch als Nachfrager am Arbeitsmarkt in Aktion tritt. Das Arbeitsangebot geht also auf Entscheidungen des Haushaltssektors, die Arbeitsnachfrage auf Entscheidungen des Unternehmenssektors zurück.

Über die Nachfrage nach Arbeitsleistungen und deren maßgebliche Bestimmungsfaktoren haben wir bereits hinlängliche Informationen vorliegen. Sie war das Ergebnis unternehmerischen Optimierungshandelns und als solche abhängig von der

Höhe des Reallohnes; es galt: $B^d = B^d(w/p)$ mit $dB^d/d(w/p) < 0$. Da der Gewinnmaximierungskalkül verlangt, daß die Grenzproduktivität der Arbeit dem Reallohn zu entsprechen hat, kann in dem Verlauf der Grenzproduktivität der Arbeit die Nachfrage nach Arbeitsleistungen in Abhängigkeit vom Reallohnsatz gesehen werden.

Nach (neo-)klassischer Auffassung ist auch das Arbeitsangebot abhängig vom Reallohn. Die Anbieter von Arbeitsleistungen erweisen sich damit als „frei von Geldillusion“; denn nicht der Nominallohn gibt ihrem Handeln die Orientierung sondern dessen Gütergegenwert. Steigt dieser Gütergegenwert, so nimmt das Arbeitsangebot zu und umgekehrt: $B^s = B^s(w/p)$ mit $dB^s/d(w/p) > 0$. Diese Hypothese fußt, wie jedes verallgemeinerte individuelle Handeln im (neo-) klassischen Kontext, ebenfalls auf einem Optimierungskalkül. Er betrifft hier die Wahl zwischen Arbeits- und Freizeit mit dem Ziel der Nutzenmaximierung.

Zur kurzen Kennzeichnung des individuellen Kalküls wollen wir der Einfachheit halber unterstellen, daß die Haushalte nur Einkommen aus der Verwertung von Arbeitsleistungen erzielen; Zins- und Gewinneinkommen seien nicht existent. Bei dem erreichbaren Realeinkommen und der möglichen Freizeit handele es sich um die beiden substitutiven Argumente einer Nutzen(index)funktion. Der objektive Entscheidungsraum läßt sich unter solchen Umständen wie folgt abbilden:

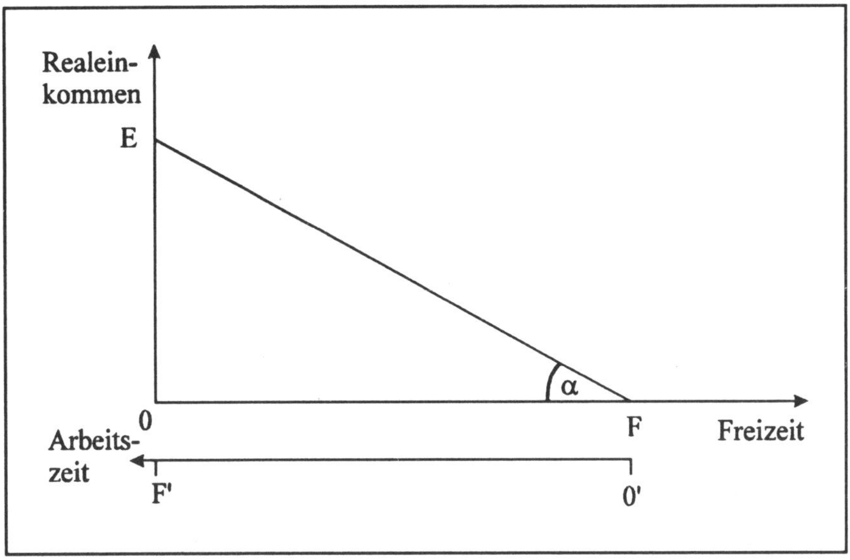

Abb. 3/9

Die Gerade EF informiert über alle realisierbaren Kombinationen von Realeinkommen und Freizeit bei einem gegebenem Reallohn. Im Punkt F wird das gesamte Zeitbudget für Freizeit verwendet; das Realeinkommen beträgt Null. Die gegenläufig abgetragene Achse, auf der die Arbeitszeit abgetragen ist, notiert an dieser Stelle den Wert 0'. Der Punkt E steht für das maximal erreichbare Realeinkommen. Es wird erzielt, wenn keine Freizeit genossen, das gesamte Zeitbudget also als Arbeitszeit genutzt wird (Punkt 0 bzw. F'). In der Steigung der Geraden EF, im Winkel α, bringt sich die Höhe des Reallohns zur Geltung. Ein steigender Reallohn verlängert die Strecke 0E, ein sinkender Reallohn verringert sie. Der Reallohn sei zunächst konstant.

Für welche Kombination von Realeinkommen und Freizeit wird sich ein rational handelnder Akteur entscheiden? Welchen Punkt auf der Linie EF wird er also realisieren? Die Antwort hängt offenbar von der subjektiven Bewertung der beiden Handlungsalternativen „Realeinkommen“ und „Freizeit“ ab. Verhalten sie sich substitutiv zueinander, so läßt sich ein Indifferenzkurvensystem konstruieren, das die üblichen Eigenschaften aufweisen möge.

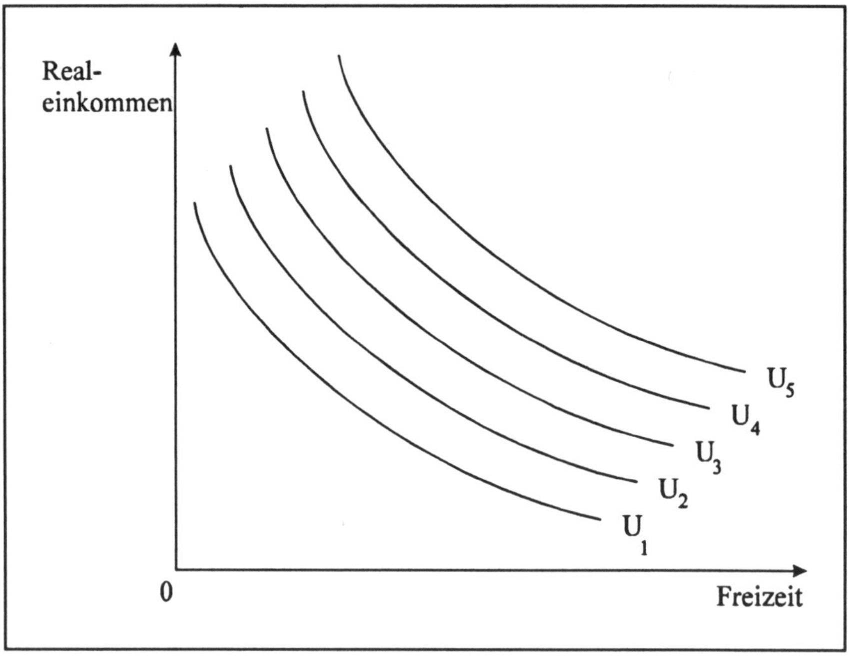

Abb. 3/10

Gegenüber allen Realeinkommen-Freizeit-Kombinationen auf einer Indifferenzkurve U_i verhält sich ein Haushalt indifferent. Er präferiert Handlungsalternativen auf Indifferenzkurven, die im Entscheidungsraum möglichst weit vom Koordinatenursprung entfernt sind. Konfrontiert man diese subjektive Dimension der Wahlhandlung mit den objektiven Möglichkeiten, so folgt daraus die Abb. 3/11.

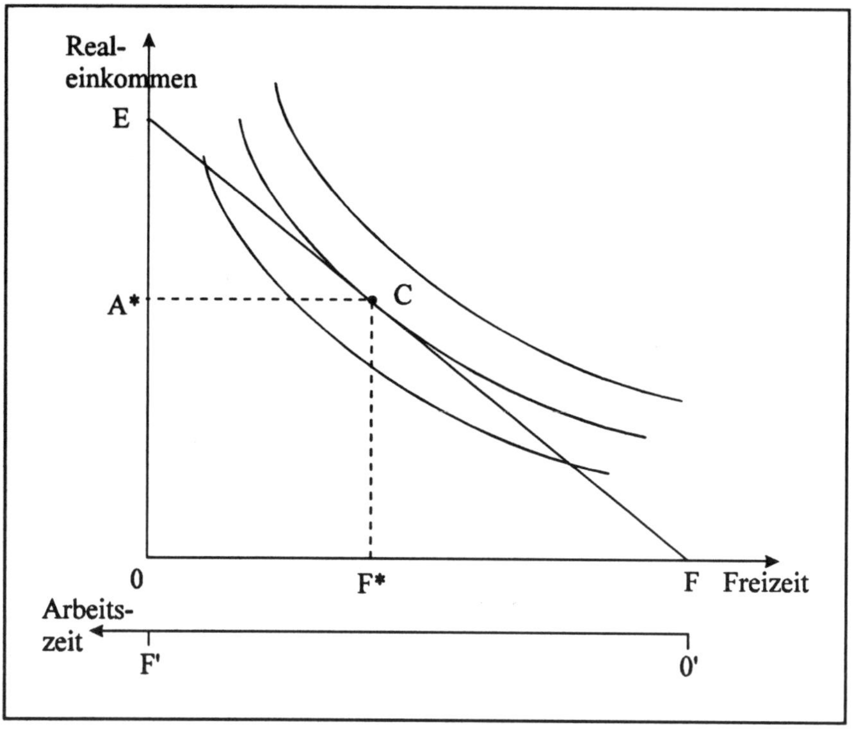

Abb. 3/11

Ein Nutzenmaximum wird im Punkt C erreicht, in dem die Restriktion EF eine Indifferenzkurve tangiert. Der Optimalkalkül verlangt, daß das Zeitbudget 0F mit der Strecke $0F^*$ als Freizeit und mit der Strecke F^*F als Arbeitszeit Verwendung findet. Eine derartige Zeitallokation führt zu einem Realeinkommen in Höhe von $0A^*$.

Eine Variation des Reallohns verändert, wie bereits erwähnt, die Steigung der Restriktionsgeraden EF im Punkt F. Sinkt der Reallohn etwa um 25 %, so hat dies zur Konsequenz, daß sich auch das mögliche Realeinkommen 0E um 25 % verringert, und eine Reduktion des Reallohns um z. B. 50 % führt ebenfalls zu einer Abnahme des möglichen Realeinkommens um 50 %. Auf der Ordinate sind dann jeweils die Punkte E' bzw. E" abzutragen.

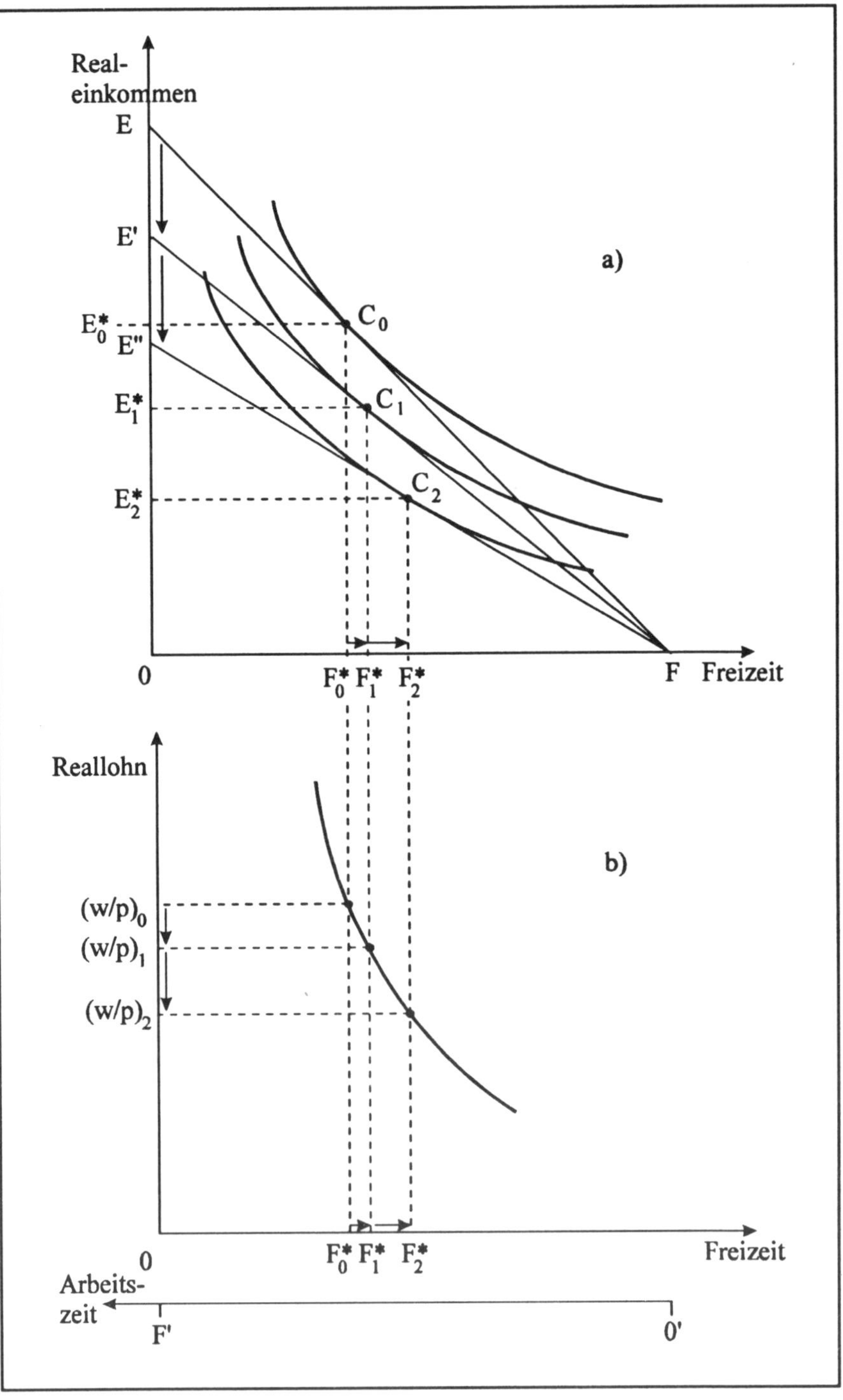
Real-
einkommen
E
E'
E*0
E"
E*1
E*2
C0
C1
C2
a)
0
F*0 F*1 F*2
F Freizeit
Reallohn
b)
(w/p)0
(w/p)1
(w/p)2
0
F*0 F*1 F*2
Freizeit
Arbeits-
zeit
F'
0'

Abb. 3/12

Der Optimalkalkül verlangt, daß sich auch die Zeitallokation verändert, wenn der Reallohn variiert. Und wie die Abb. 3/12 a) deutlich macht, folgen denn auch als Konsequenzen aus den jeweiligen Optima C_0, C_1 und C_2 die Freizeiten F_0, F_1 und F_2. In der Abb. 3/12 b) ist der maßgebliche Zusammenhang noch einmal gesondert dargestellt. Auf der zur Abszisse gegenläufigen Arbeitszeit-Achse ist erkennbar, daß ein sinkender Reallohn die Arbeitszeit verringert. Verallgemeinert man diese Erkenntnis, so gelangt man zu der eingangs erwähnten (neo-)klassischen These: Das Arbeitsangebot ist positiv mit dem Reallohn korreliert.

Gegenüber dieser Schlußfolgerung und ihrer methodischen Basis sind allerdings zwei Vorbehalte angebracht. Zum einen ist darauf hinzuweisen, daß die Arbeits-/Freizeit-Entscheidung isoliert von dem Konsum-/Spar-Kalkül analysiert wurde. Das aber ist eigentlich unzulässig; denn eine Verringerung des Arbeitsangebots als Folge einer Reallohnsenkung berührt immer auch den Konsum-/Spar-Entscheid, da sie Einkommenskonsequenzen nach sich zieht. Die Einzelentscheidungen sind also nicht unabhängig voneinander sondern interdependent, und insoweit dürfte auch die Ersparnis reallohnabhängig sein. Bei der Analyse des gesamtwirtschaftlichen Güter- und Realkapitalmarktes hatten wir die Ersparnis - und damit auch den Konsum - jedoch als allein vom Realzins abhängig angesehen. Wir wollen auch weiterhin dabei bleiben. Eine Korrektur der methodischen Basis würde nämlich am Gesamtbefund nichts Wesentliches ändern, die Präsentation indes enorm erschweren.

Der zweite Vorbehalt macht auf einen empirischen Tatbestand aufmerksam: Die tatsächliche durchschnittliche Jahresarbeitszeit ist während der letzten Jahrzehnte im Trend deutlich gesunken - bei gleichzeitig gestiegenen Reallöhnen. Theoretisch läßt sich dieses Faktum ohne größere Schwierigkeiten erklären, wenn man sich vor Augen führt, daß jede Reallohnänderung in bezug auf das Arbeitsangebot in einen Einkommens- und einen Substitutionseffekt zerlegt werden kann. Der Einkommenseffekt einer Reallohnerhöhung führt normalerweise zu einer Ausdehnung der Freizeit, der Substitutionseffekt hingegen beeinflußt das Arbeitsangebot positiv. Sofern der Einkommenseffekt den Substitutionseffekt dominiert, kann aus einer Reallohnsteigerung durchaus eine Reduktion des Arbeitsangebots folgen. Dies ist um so wahrscheinlicher, je mehr die Alternative „Arbeit" den Charakter eines absolut inferioren Gutes annimmt. Letztlich hängt es also von der konkreten Präferenzordnung ab, ob das Arbeitsangebot infolge einer Reallohnerhöhung zu- oder abnimmt. Aus kurzfristiger Perspektive spricht viel dafür, daß der Substitutionseffekt überwiegt und das Arbeitsangebot deshalb „normal" reagiert.

Da nunmehr hinreichend Klarheit über die Bestimmungsgründe des Angebots an und der Nachfrage nach Arbeitsleistungen besteht, ist das zu erwartende Marktergebnis relativ einfach herzuleiten. Wegen der wettbewerblichen Organisation auch des Arbeitsmarktes wird sich ein gleichgewichtiger Reallohn herausbilden, der den Markt räumt.

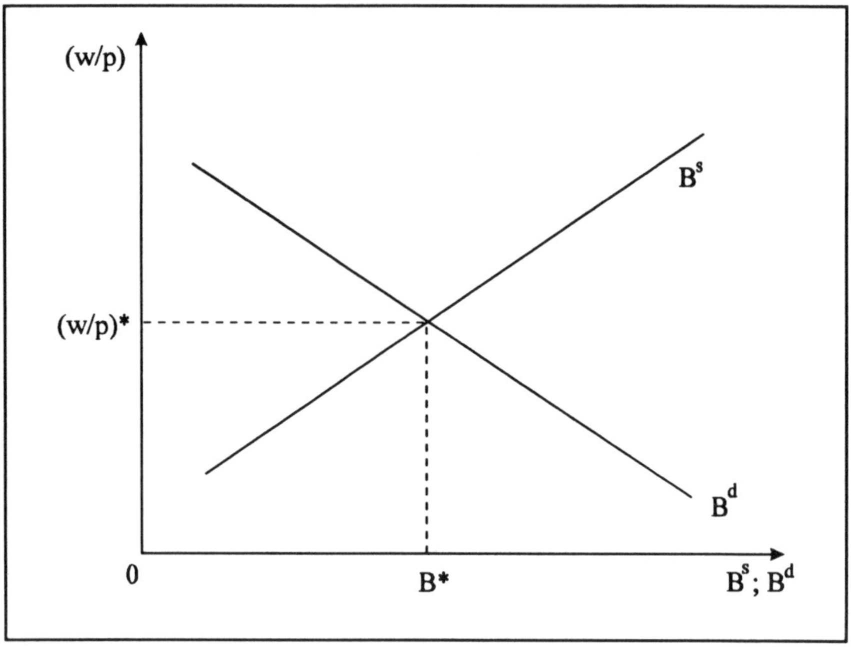

Abb. 3/13

Dieses Marktgleichgewicht ist identisch mit einer Arbeitsmarktsituation, die Vollbeschäftigung bedeutet; denn zum herrschenden Reallohn finden alle Arbeitswilligen auch Beschäftigung. Dem widerspricht natürlich nicht die Beobachtung, daß einige Wirtschaftssubjekte keiner Erwerbsarbeit nachgehen. Sie tun es freiwillig nicht, so daß aus diesem Tatbestand kein sozialpolitischer Handlungsbedarf erwächst.

Eine derartige Schlußfolgerung ergibt sich zwingend aus dem (neo-)klassischen Interpretationsmuster. Wer das Arbeitsangebotsverhalten als Ergebnis individueller Nutzenmaximierungskalküle deutet und von einer funktionierenden wettbewerblichen Organisation des Arbeitsmarktes ausgeht, muß zu der aufgezeigten Konsequenz gelangen. Er hat insgesamt wenig Veranlassung, über Arbeitslosigkeit als ein gesellschaftliches Problem nachzusinnen.

Diese Feststellung bedeutet nicht, daß es nicht auch möglich ist, unfreiwillige Arbeitslosigkeit - sofern sie tatsächlich existieren sollte - vor dem theoretischen Hintergrund des (neo-)klassischen Entwurfs zu erklären. Es wäre dann auf marktwidriges Verhalten zu verweisen. Ein Preiskartell der Anbieter etwa wird ebenso wie eine staatliche Intervention, die Mindestlöhne garantiert, unfreiwillige Arbeitslosigkeit nach sich ziehen, sofern nur ein Reallohn institutionalisiert wird, der das Niveau des gleichgewichtigen Preises übersteigt.

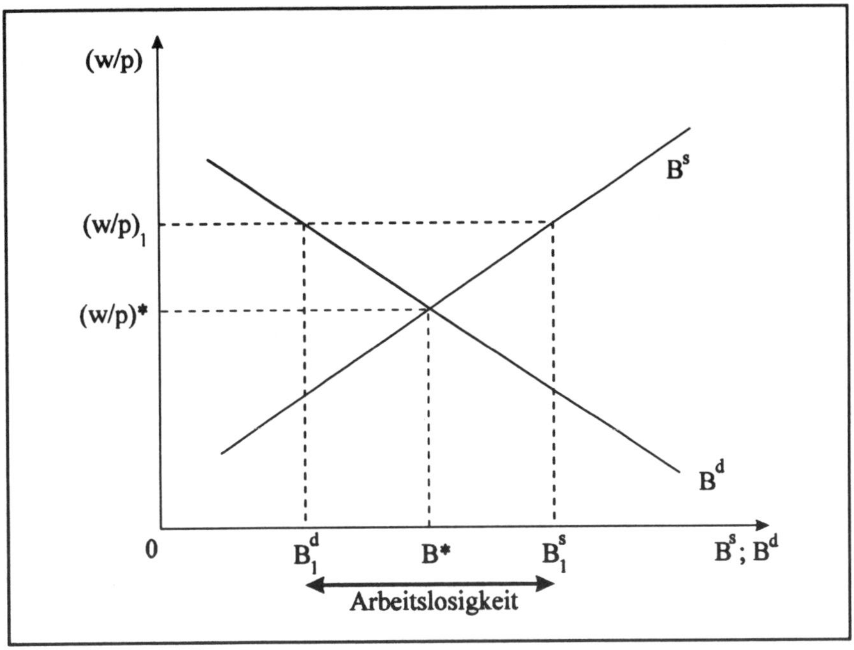

Abb. 3/14

Der Reallohn $(w/p)_1$ zum Beispiel veranlaßt die Nachfrager nach Arbeitsleistungen, Beschäftigung im Umfang $B^d{}_1$ nachzufragen. Die Anbieter von Arbeitsleistungen hingegen wünschen eine Verwertung ihres Produkts in Höhe von $B^s{}_1$. Da zum vorgegebenen Reallohn nicht alle Anbieter zum Zuge kommen, entsteht nach der Logik des Marktes Arbeitslosigkeit. Sie wird so lange zu beobachten sein, wie der wettbewerbliche Anpassungsprozeß, die Preiskonkurrenz der Anbieter untereinander, ausgeschlossen bleibt. Von einem derartigen Arrangement sahen die Klassiker jedoch - wie bereits erwähnt - ab.

Mit dem wettbewerblich herbeigeführten Arbeitsmarktgleichgewicht sind wir nun in der Lage, eine entscheidende Konsequenz der (neo-)klassischen Analyse resümierend festzuhalten. Die Untersuchung des Gütermarktes ließ früher deutlich werden, daß der Umfang der gesamtwirtschaftlichen Produktion und damit auch des Güter- und Leistungsangebotes allein vom Einsatz der Ressource Arbeit im Produktionsprozeß abhängig war. Und über deren Einsatz entschied letztlich der Reallohn. Nunmehr können wir auch die dabei offen gebliebene Frage beantworten, mit welchem Reallohn konkret zu rechnen ist. Es ist der wettbewerblich bestimmte, gleichgewichtige Reallohn, der sich auf dem Arbeitsmarkt herausbildet. Er garantiert also nicht nur Vollbeschäftigung, sondern entscheidet auch über das güterwirtschaftlich Aktivitätsniveau. Es wundert daher nicht, wenn der (neo-) klassische Arbeitsmarkt häufig auch als „strategischer Markt“ bezeichnet wird. Die Abb. 3/15 macht diesen Zusammenhang noch einmal graphisch deutlich.

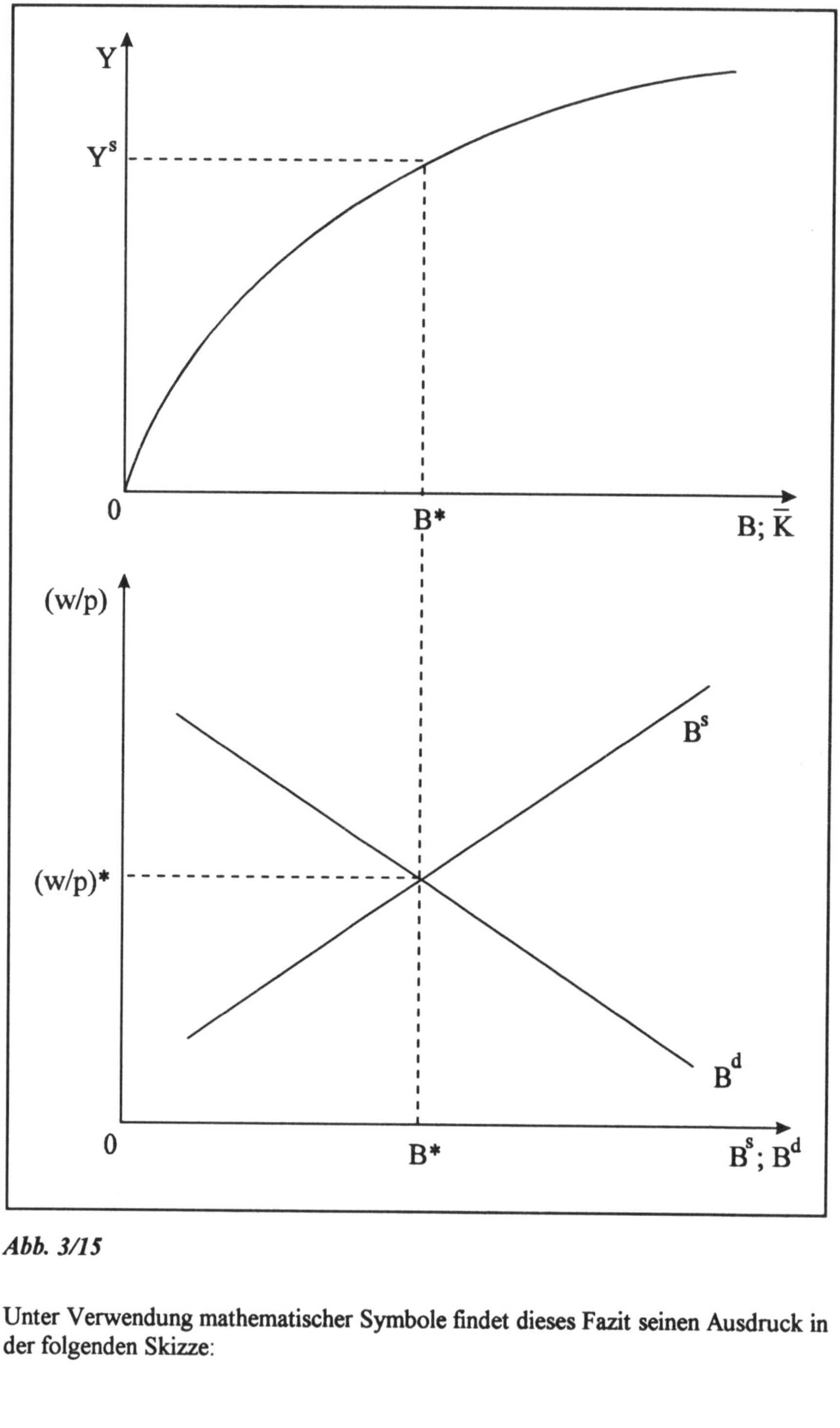

Abb. 3/15

Unter Verwendung mathematischer Symbole findet dieses Fazit seinen Ausdruck in der folgenden Skizze:

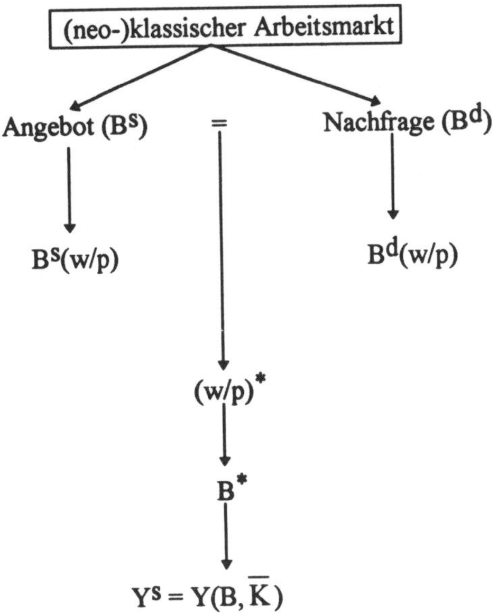

Die bisherigen Ausführungen ermöglichen uns also eindeutige Festlegungen in bezug auf die Höhe des zu erwartenden Sozialprodukts, des Einkommens und der Beschäftigung. Der sich am Arbeitsmarkt herausbildende, wettbewerblich bestimmte, gleichgewichtige Reallohn zeichnet dafür verantwortlich. Unbeantwortet bleibt damit aber noch die Frage nach dem Preisniveau, mit dessen Hilfe auch eine Aussage über die Höhe des Nominallohns w getroffen werden kann. Um dieses Informationsdefizit zu beheben, ist eine Analyse des (neo-)klassischen Geldmarktes notwendig.

Ein Rechenbeispiel:

Die Produktionsbedingungen in einer Volkswirtschaft mögen durch die im Rechenbeispiel des vorherigen Kapitals bereits verwendete Produktionsfunktion

(1) $Y = 4 \cdot B^{0,5} \cdot K^{0,75}$

beschrieben sein. Der Kapitalbestand sei ebenfalls mit K = 625 gegeben. Aus der daraus folgenden Ertragsfunktion

(2) $Y = 500 \cdot B^{0,5}$

errechnet sich die Grenzproduktivität der Arbeit als erste Ableitung mit

(3) $dY/dB = 250 \cdot B^{-0,5}$.

Der Gewinnmaximierungskalkül fordert, daß die Grenzproduktivität der Arbeit dem Reallohn zu entsprechen, also

(4) $250 \cdot B^{-0,5} = (w/p)$

zu gelten hat. Durch Auflösen nach B erhält man die Funktion

(5) $B^d = 62500/(w/p)^2$,

die das Nachfrageverhalten der Unternehmen auf dem Arbeitsmarkt zum Ausdruck bringt. Möge die Funktion

(6) $B^s = 100 \cdot (w/p)^2$

das Anbieterverhalten auf dem Arbeitsmarkt abbilden, so gilt im Marktgleichgewicht

(7) $B^d = B^s$, also

$62500/(w/p)^2 = 100 \cdot (w/p)^2$ oder

$(w/p)^* = 5.$

Der Reallohn $(w/p)^* = 5$ garantiert die Räumung des Arbeitsmarktes, dessen Tauschmenge mit $B^d = B^s = 2.500$ beziffert werden kann. Eingesetzt in die Ertragsfunktion (2) errechnet sich das zugehörige Produktionsvolumen und damit Güterangebot i. H. v. $Y^s = 25.000$.

3.1.3 Der Geldmarkt

Einsichten in die Bedeutung des Geldes und in die theoretischen Vorstellungen der (Neo-)Klassiker zu diesem Thema gewinnt man am besten mit einem Blick in die Historie. Sie läßt sich begreifen als das ständige Bemühen der Menschen, die in einer arbeitsteiligen Wirtschaft erforderlichen Tauschakte möglichst effizient zu organisieren. In Naturalwirtschaften z. B., in denen direkte Tauschbeziehungen (Ware gegen Ware) gepflegt werden, erweist sich der allgemeine Wirtschaftsverkehr als äußerst umständlich organisiert; denn bei n Gütern, die getauscht sein wollen, existieren [n(n-1)]/2 Austauschrelationen - und rationales Handeln setzt, streng genommen, die Kenntnis all dieser Austauschrelationen voraus. Überdies ist für jede Transaktion eine doppelte Übereinstimmung der Tauschwünsche bei den Tauschpartnern erforderlich. Ein Beispiel mag dies verdeutlichen. Der Besitzer eines Pferdes etwa habe Interesse an vier Schafen. Der Wunsch nach einem Tausch nötigt ihn zu der Suche nach einem Partner, der gleich zwei Eigenschaften aufweisen muß, nämlich Anbieter von vier Schafe und Nachfrager nach einem Pferd zu sein. Es liegt auf der Hand, daß ein Tauschpartner mit diesen Eigenschaften nicht leicht zu finden sein wird.

Die mit einer derartigen Organisation des Wirtschaftslebens einher gehenden enormen Informations- und Transaktionskosten lassen sich beträchtlich reduzieren, wenn man einen einheitlichen Wertmaßstab verwendet, den durchaus ein beliebiges Tauschobjekt liefern mag. Unter solchen Umständen ist nämlich nicht mehr die Kenntnis von [n(n-1)]/2 Austauschrelationen erforderlich, sondern es genügt die Kenntnis von (n-1) absoluten, in Einheiten des „numeraire“ ausgedrückten Preisen. Zudem kommt eine Transaktion bereits dann zustande, wenn nur eine einseitige Übereinstimmung der Tauschwünsche vorliegt. Voraussetzung dafür ist, daß ein bestimmtes Tauschobjekt von allen Tauschpartnern akzeptiert wird - und dieses Tauschobjekt ist Geld. Es nimmt, wie deutlich geworden sein sollte, die Funktionen einer allgemeinen Bewertungseinheit und eines allgemeinen Tauschmediums wahr. Grundsätzlich ist es möglich, dafür ein beliebiges Produkt zu verwenden. Idealerweise sollte es jedoch homogen, teilbar und auch haltbar sein.

Im Laufe der Geschichte fungierten zunächst bestimmte Waren, die allgemein begehrt wurden, als Geld. Es handelte sich um Getreide, Salz, Muscheln oder Vieh. Metalle haben gegenüber diesen Produkten den Vorteil, beliebig teilbar und haltbarer zu sein. Es wundert daher nicht, daß sie den „Wettbewerb der Geldformen“ gewannen und sich als allgemeines Zahlungsmittel allmählich durchsetzten.

Eine zeitlich sich anschließende Innovation stellen die Münzen dar. Sie erfüll(t)en die Homogenitätseigenschaft in besonderer Weise. Handelte es sich doch um einheitliche Metallstücke, deren Reinheitsgehalt durch die Garantie der das Prägerecht ausübenden Autoritäten verbürgt war. Ursprünglich als vollwertige Münzen (Kurrantmünzen) im Wirtschaftsleben anzutreffen, sind sie heute nurmehr noch als Scheidemünzen vorzufinden.

Die während einer langen Zeit dominierende Rolle der Münzen als Zahlungsmittel wurde später von den Banknoten übernommen. Bei ihnen handelte es sich zunächst um ein Geldsurrogat; denn entstehungsgeschichtlich stellen sie Quittungen bzw. Depotschein dar, mit denen die Hinterlegung von Edelmetallen und Münzen bei Goldschmieden und Geldwechslern verbrieft wurde. Im Wirtschaftsleben fanden diese Depotscheine bald selbst als Zahlungsmittel Verwendung.

Hinzu kam ein weiteres. Die Erfahrung lehrte die Depotverwalter, daß nicht alle Depotbesitzer gleichzeitig die von ihnen hinterlegten Münzen und Edelmetalle zurückfordern würden. Darauf vertrauend war es also möglich, Depotscheine auszugeben, ohne daß zuvor die Hinterlegung eines Wertes stattgefunden hatte. Auf diese Weise entstand Geld im Wege der Kreditgewährung - eine heute gewerbsmäßig ausgerichtete Tätigkeit des Bankensystems. Neu ist daran allenfalls die Tatsache, daß dabei weniger die Nachfolger der früheren Depotscheine, die heutigen Banknoten nämlich, eine bedeutsame Rolle spielen, als vielmehr das Buch- oder Giralgeld, täglich fällige Forderungen der Kunden gegen eine Bank also, das mittlerweile in der Zahlungspraxis dominiert. Es weist gegenüber älteren Geldformen den Vorteil besonders geringer Transportkosten und -risiken auf.

Die Vorstellung der (Neo-)Klassiker vom Geld und seinen Eigenschaften waren, wie könnte es anders sein, maßgeblich von den gesellschaftlichen Umständen ihrer Zeit beeinflußt. Für sie war Geld vornehmlich Münzgeld sowie Edelmetall. Schließt man sich einer solchen Auffassung an, und sieht man von der Möglichkeit der Edelmetallproduktion oder größerer Edelmetallfunde ab, so ist die in einer Volkswirtschaft vorhandene Geldmenge eine gegebene Größe. Das Angebot an Geld ist dann konstant; es gilt: $M^S = \overline{M}$.

Im Hinblick auf die Geldnachfrage (L), dem Wunsch also, einen bestimmten Geldbetrag zu halten, vertraten die (Neo-)Klassiker eine Auffassung, die in der kurzen Skizze der Geschichte der Geldformen bereits deutlich geworden sein sollte. Ihr Interesse galt der Realanalyse, und aus einer solchen Perspektive werden letztlich Güter gegen Güter getauscht. Geld dient dabei lediglich dazu, die Tauschakte zu rationalisieren. Es liefert den Bewertungsmaßstab und fungiert als allgemeines Tauschmedium. Eine im Geld selbst gründende Vorteilhaftigkeit, derentwegen man ihm ein eigenständige Wertschätzung entgegenbringen könnte, ist mit dieser Auffassung nicht vereinbar. Im Gegenteil: Geld stiftet keinen unmittelbaren Nutzen und wirft auch keinen Ertrag ab. Insoweit kann es nichts Bedeutungsloseres als Geld geben. Der Entschluß, Geld um seiner selbst willen zu halten und es nicht zu Güterkäufen zu verwenden, ist unter solchen Umständen offenbar irrational.

Ein derartiger Standpunkt bedeutet nun allerdings nicht, daß die Wirtschaftssubjekte niemals Geldbeträge besäßen. Sofern nämlich die Einnahmen und Ausgaben, die aus Güter- und Leistungstransaktionen resultieren, in zeitlicher Hinsicht nicht synchron anfallen, wird sich immer ein gewisser Geldbetrag in den Händen der Akteure befinden. Er ist gleichwohl dazu bestimmt, den Güter- und Leistungsverkehr zu finanzieren, weshalb dieser Geldbetrag auch als Kassenhaltung aus Transaktionsgründen - oder kurz: Transaktionskasse - bezeichnet wird. Über die Nachfrage der privaten Haushalte nach Transaktionskasse $L_{T,HH}$ für den Fall einer kontinuierlichen Ausgabenentwicklung sowie einer diskontinuierlichen Einnahmeerzielung informiert das folgende Bild.

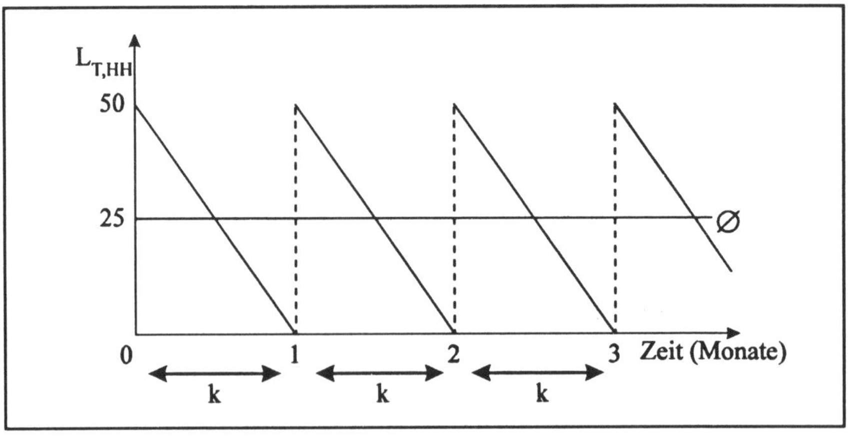

Abb. 3/16

Während die Einnahmen, z. B. aus der marktlichen Verwertung von Arbeitsleistungen i. H. v. 50 Geldeinheiten, regelmäßig im monatlichen Turnus anfallen, vollzieht sich die Ausgabentätigkeit im Laufe eines Monats stetig. Zu Beginn eines solchen Zeitraums beträgt der Kassenbestand daher 50 Geldeinheiten. Er baut sich dann kontinuierlich ab, bis am Monatsende die Transaktionskasse geleert ist. Die zu Beginn des Folgemonats neuerlichen Einnahmen füllen die Kasse wieder auf, deren Bestand durch die anschließenden Ausgaben erneut abnimmt usw.. Wie deutlich wird, verfügen die privaten Haushalte unter diesen Umständen dauerhaft über einen durchschnittlichen Kassenbestand i. H. v. 25 Geldeinheiten.

Es bedarf wenig Phantasie, sich darüber klarzuwerden, daß jener Kassenbestand, der nicht bei den privaten Haushalten anzutreffen ist, sich in den Händen der Unternehmen befinden muß; denn sie sind die Tauschpartner der privaten Haushalte. Die Transaktionskasse der Unternehmen $L_{T,U}$ entwickelt sich folglich gegenläufig.

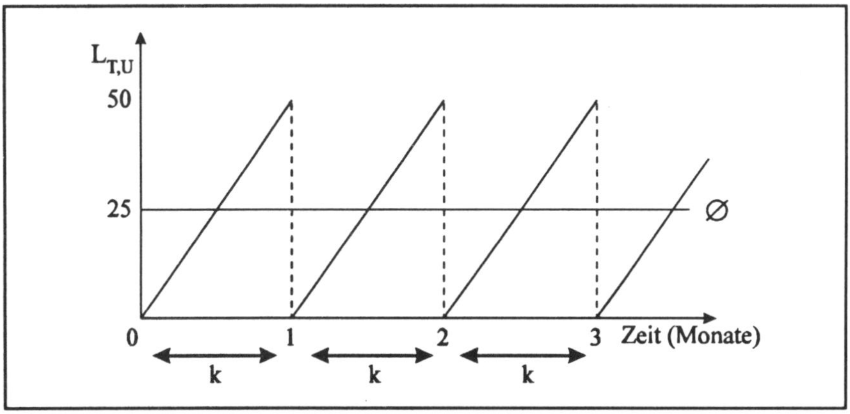

Abb. 3/17

Sie baut sich im Laufe eines Monats kontinuierlich auf, um zum Monatsende bzw. zu Beginn des Folgemonats komplett geleert zu werden. Die gesamte Nachfrage nach Transaktionskasse, der durchschnittlich gehaltene Kassenbestand insgesamt also, setzt sich demnach zusammen aus der Transaktionskasse der privaten Haushalte und jener der Unternehmen: $L = L_T = L_{T,HH} + L_{T,U}$.

Ihr Umfang ist allein abhängig von dem Transaktionsvolumen, das während einer Wirtschaftsperiode abgewickelt wird, und den Zahlungsgewohnheiten, die in einer Volkswirtschaft anzutreffen sind. Das zweite Argument konkretisiert sich in der Dauer k der durchschnittlichen Kassenhaltung. Sie beträgt in unserem Beispiel ein Monat bzw. 1/12 Jahr.

Andere Zahlungssitten führen auch zu anderen Kassenbeständen. Sofern die Dauer der durchschnittlich gehaltenen Transaktionskasse sich nicht auf 1/12 sondern etwa auf 1/24 Jahr erstreckt, halbiert sich, wie Abb. 3/18 deutlich macht, ebenfalls der Kassenbestand $L_{T,H}$.

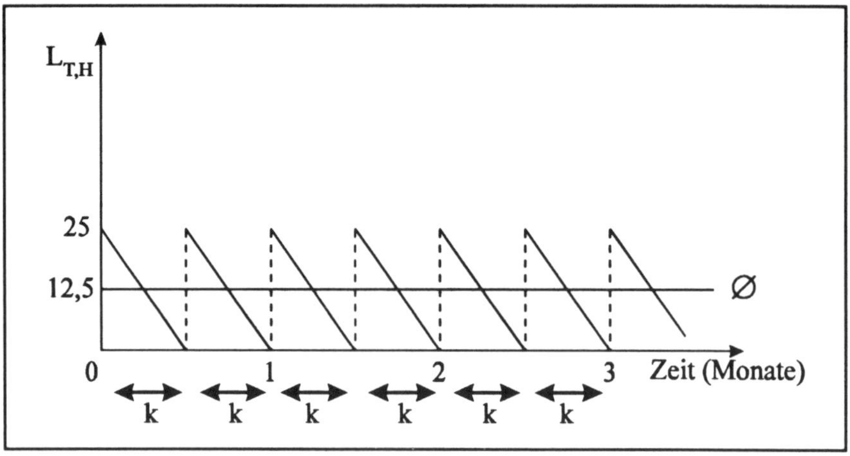

Abb. 3/18

Nun kann man im allgemeinen davon ausgehen, daß sich gesellschaftliche Konventionen wie Zahlungsgewohnheiten nur allmählich ändern. Kurzfristig ist nicht mit nennenswerten Variationen zu rechnen. Die Dauer k der durchschnittlichen Kassenhaltung ist unter solchen Umständen konstant; es gilt folglich: $k = \bar{k}$. Die Nachfrage nach Transaktionskasse ist demnach allein abhängig von dem Transaktionsvolumen. Und dieses besteht aus dem - mit Geldpreisen bewerteten - Güter- und Leistungsbündel, das während einer Wirtschaftsperiode erzeugt wird, dem nominellen Sozialprodukt Y^n. Über die Bestimmungsfaktoren der Geldnachfrage liegen somit folgende Informationen vor:

$$L = L_T(Y^n) = \bar{k} \cdot Y^n.$$

Die gewünschte Kassenhaltung L verhält sich proportional zum nominellen Sozialprodukt Y^n.

Mit Hilfe dieser Informationen sind wir nun in der Lage, das Gleichgewicht auf dem (neo-)klassischen Geldmarkt zu beschreiben. Es liegt vor, wenn das Geldangebot M^s der Geldnachfrage L entspricht, die vorhandene Geldmenge also in der Transaktionskasse Verwendung findet:

$$\bar{M} = \bar{k} \cdot Y^n.$$

Das Geldmarktgleichgewicht verlangt mithin, daß das nominelle Sozialprodukt ein eindeutig definiertes Niveau aufweist. Die graphische Version dieser Konsequenz ist aus Abb. 3/19 ersichtlich.

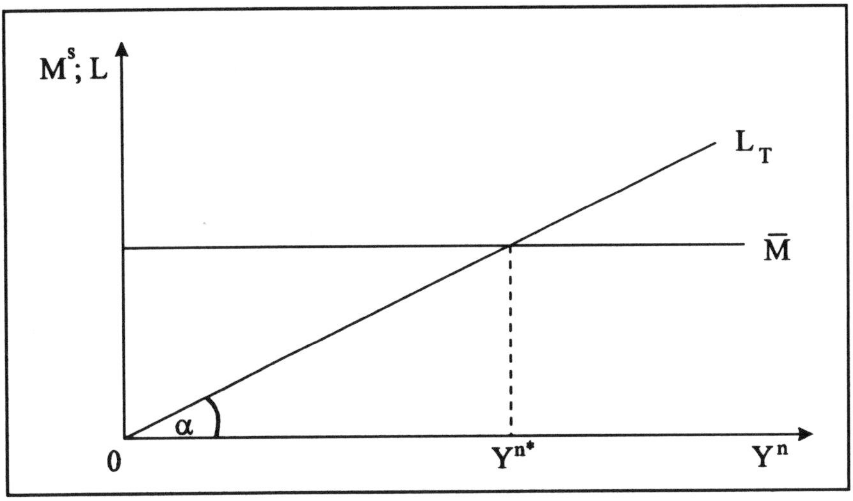

Abb. 3/19

Die als konstant angesehene Dauer k der durchschnittlichen Kassenhaltung legt den Steigungswinkel α der Geldnachfragefunktion L_T fest. Das Geldangebot, die vorhandene Geldmenge $\overline{M}$, ist unabhängig von der Höhe des nominellen Sozialprodukts Y^n. Der Wert Y^{n*} steht für jenes Transaktionsvolumen, das ein Gleichgewicht auf dem Geldmarkt sicherstellt.

Aus früheren Überlegungen wissen wir, daß sich der Wert des nominellen Sozialprodukts über eine Bewertung des realen Outputs mit den jeweiligen Marktpreisen ergibt. Diese Kenntnis können wir uns nun zunutze machen und sie bei der Formulierung des Geldmarktgleichgewichts berücksichtigen. Sie lautet dann

$$\overline{M} = \overline{k} \cdot Y \cdot P$$

oder, nach dem Preisniveau aufgelöst,

$$P = \overline{M} / (\overline{k} \cdot Y).$$

Diese Gleichung beschreibt keine funktionale Abhängigkeit des Preisniveaus p vom realen Sozialprodukt Y. Sie liefert vielmehr eine Information über alle p/Y-Kombinationen, die bei gegebener Geldmenge und unveränderten Zahlungssitten mit einem Geldmarktgleichgewicht vereinbar sind. Aus dieser Gleichung ist also ersichtlich, welches Preisniveau vorliegen muß, damit unter den getroffenen Annahmen einer gegebenen Geldmenge sowie unveränderter Zahlungssitten, ausgehend von einem konkreten realen Sozialprodukt, ein Gleichgewicht auf dem Geldmarkt existiert. In graphischer Hinsicht präsentiert sich diese Gleichung als Hyperbel.

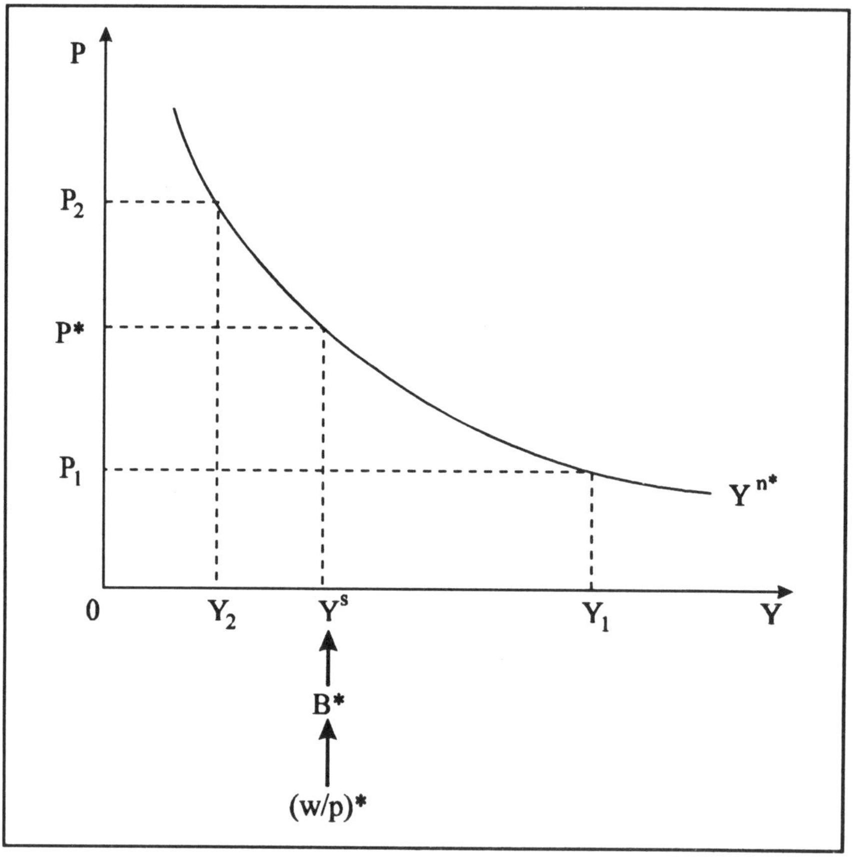

Abb. 3/20

Das eindeutig bestimmte, Geldmarktgleichgewicht garantierende nominelle Sozialprodukt erhält seinen Wert über gegenläufige Größenordnungen von Preisniveau und realem output. Ein niedriges Preisniveau erfordert ein hohes reales Sozialprodukt und umgekehrt.

Nun hatten wir früher deutlich machen können, daß der Arbeitsmarkt im Kontext des (neo-)klassischen Räsonnements zum strategischen Markt avanciert. Über den gleichgewichtigen Reallohn legt er das - Vollbeschäftigung bedeutende - Beschäftigungsniveau fest und definiert damit das reale Produktions- und Güterangebotsvolumen. Das reale Sozialprodukt ist deshalb dem Geldmarkt vorgegeben, so daß als einzig noch unbestimmte Variable das Preisniveau verbleibt. Die entscheidende Botschaft der (neo-)klassischen Geldtheorie lautet somit: Auf dem Geldmarkt wird über das Preisniveau entschieden und über sonst nichts. Insbesondere führen Geldmengenänderungen nicht zu Konsequenzen im realen Sektor einer Volkswirtschaft, sondern ziehen einzig und allein Veränderungen des Preisniveaus nach sich; Preisniveau und Geldmenge entwickeln sich proportional.

Man bezeichnet dieses Resultat häufig auch als „Neutralität des Geldes", um damit zum Ausdruck zu bringen, daß der monetäre Sektor einer Volkswirtschaft den realen Bereich, in dem über das Beschäftigungs- und Produktionsniveau entschieden wird, nicht beeinflußt. Beide Sektoren verhalten sich zueinander dichotom. Das folgende Bild faßt dieses Ergebnis noch einmal graphisch zusammen.

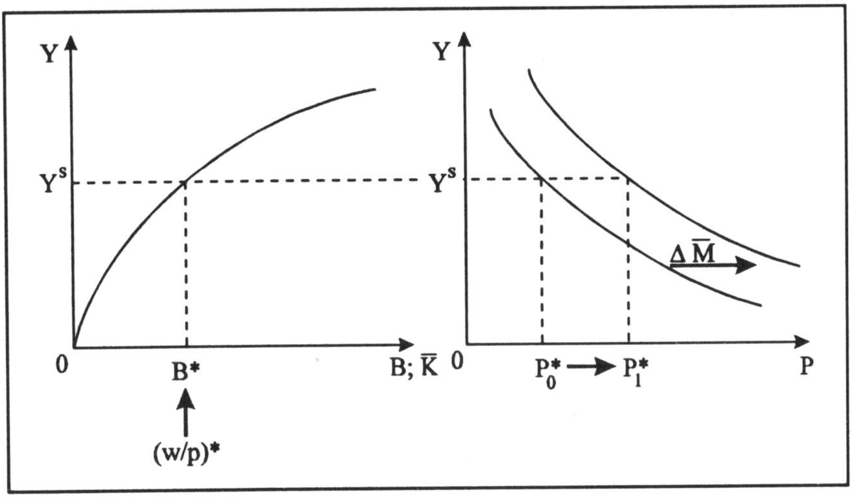

Abb. 3/21

Eine Geldmengenerhöhung bedeutet in graphischer Hinsicht eine Rechtsverlagerung der Hyperbel, die das Geldmarktgleichgewicht beschreibt. Davon bleibt das reale Produktionsvolumen Y^s sowie das Beschäftigungsniveau B^* völlig unberührt. Lediglich das Preisniveau verändert sich von p^*_0 auf p^*_1, und diese Veränderung entspricht in ihrem Umfang der Variation der Geldmenge, die in der Verschiebung der Hyperbel ihren Ausdruck findet.

Diese Konsequenz ergibt sich zwingend aus den zuvor aufgezeigten (neo-) klassischen Argumenten. Gleichwohl bereitet sie dem Novizen der Makroökonomik erfahrungsgemäß beträchtliches Kopfzerbrechen. Wie hat man sich diesen Vorgang realiter vorzustellen? Warum und auf welchem Wege ziehen Geldmengenerhöhungen gleichgerichtete und proportionale Preisniveauveränderugen nach sich? Eine Antwort könnte etwa in dem Hinweis darauf bestehen, daß auch die Nachfrage nach Geld „frei von Geldillusion" ist, also in Wahrheit eine Nachfrage nach realen Kassenbeständen bedeutet. Wenn unter einer solchen Voraussetzung die in den Kassen der Wirtschaftssubjekte befindliche Geldmenge z. B. verdoppelt wird, ist damit zu rechnen, daß die Akteure bestrebt sind, diesen als überhöht angesehenen realen Kassenbestand abzubauen. Sie werden ihn zu Güterkäufen verwenden. Der erhöhten Güternachfrage steht jedoch ein nach wie vor unverändertes Produktionsvolumen und damit Güterangebot gegenüber; denn letzteres ist allein abhängig vom Reallohn, und dieser hat sich nicht geändert. Die zunehmende Güternachfrage zieht also Preissteigerungen nach sich und zwar so lange, bis die

Realkasse wieder auf ihr ursprüngliches Niveau gesunken ist und der Geldmarkt sich folglich im Gleichgewicht befindet. Zusammenfassend ist also festzuhalten:

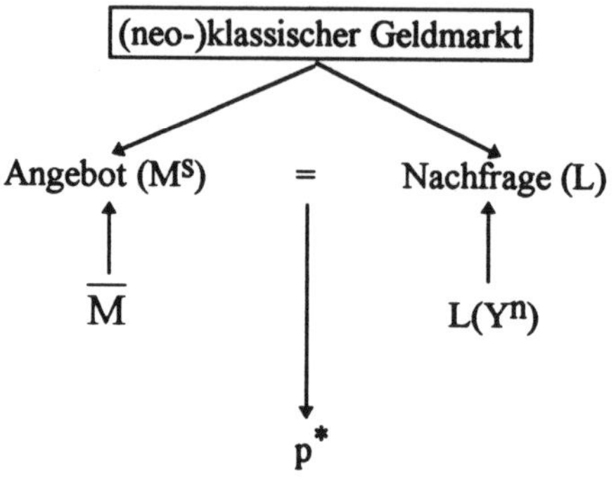

Ein Rechenbeispiel:

Die Zahlungsgewohnheiten in einer Volkswirtschaft mögen sich über die als konstant anzusehende durchschnittliche Kassenhaltungsdauer $k = 1/8$ kennzeichnen lassen. Das reale Produktions- und mithin Transaktionsvolumen belaufe sich, wie im vorherigen Kapitel errechnet, auf $Y = 25.000$. Die Geldnachfrage, die allein zu Transaktionszwecken erfolge, läßt sich unter diesen Umständen durch die Funktion

(1) $L = k \cdot Y \cdot p = (1/8) \cdot 25.000 \cdot p$

beschreiben. Sofern die Geldmenge als gegeben betrachtet und das Geldangebot deshalb z. B. mit

(2) $M^s = 37.500$

angegeben werden kann, lautet die Bedingung für das Geldmarktgleichgewicht

(3) $M^s = L$ oder

$37.500 = (1/8) \cdot 25.000 \cdot p$ bzw.

$p^* = 12.$

Das Preisniveau notiert folglich mit dem Wert $p^* = 12$.

3.1.4 Das Totalmodell

Wir sind nun ausreichend vorbereitet, die Ergebnisse, die aus der Analyse der einzelnen Märkte vorliegen, zu einem Totalmodell zusammenzufassen. Auf diese Weise gelingt es, die Interdependenz der Märkte sichtbar zu machen und das Einkommens-, Beschäftigungs- und Preisniveau simultan zu bestimmen. Wir bedienen uns dabei der graphischen Darstellung.

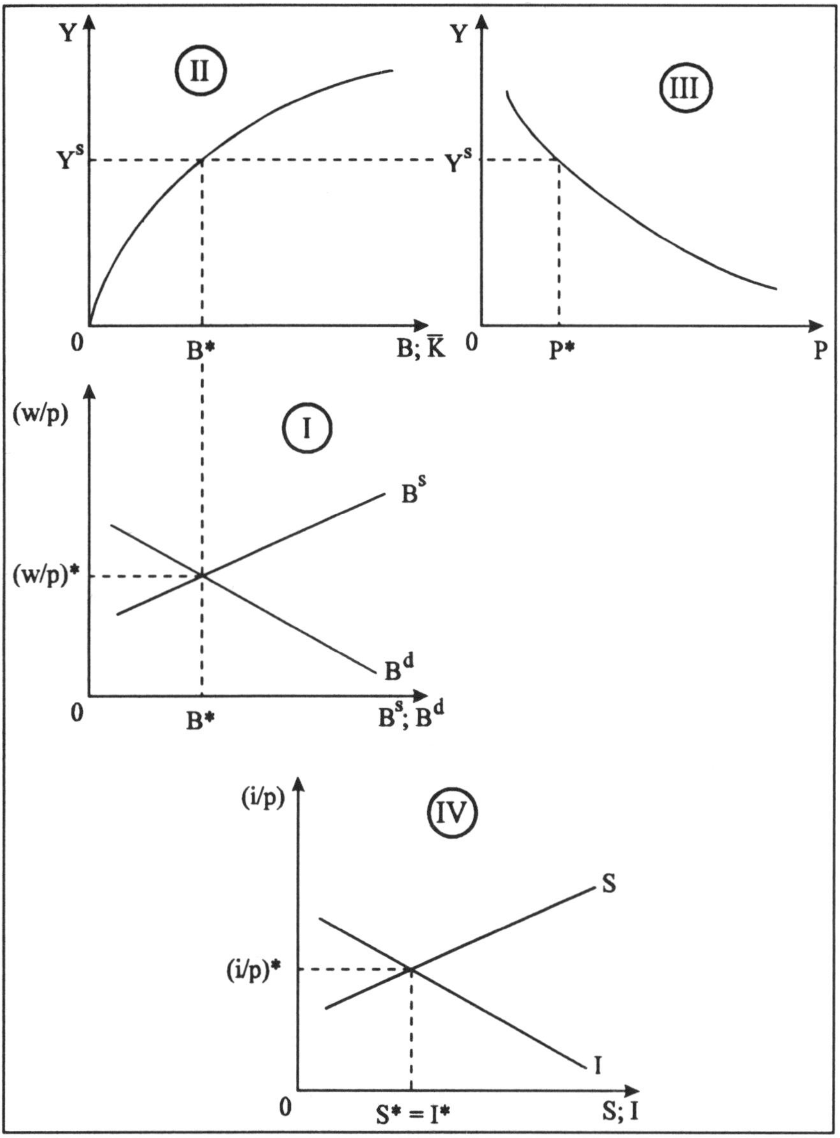

Abb. 3/22

Die Figur I bringt das Arbeitsmarktgeschehen zum Ausdruck. Es ist, wie bereits betont, von strategischer Bedeutung. Infolge des Wettbewerbs der Anbieter von und der Nachfrager nach Arbeitsleistungen untereinander stellt sich der gleichgewichtige Reallohn ein. Er räumt den Arbeitsmarkt, sichert somit Vollbeschäftigung und legt das im Produktionsprozeß verwendete Beschäftigungsvolumen fest.

Mit dem vom Arbeitsmarkt determinierten Beschäftigungsvolumen ist auch über die Höhe des Güterangebots entschieden. Bei unverändertem Kapitalbestand ist das Produktionsvolumen nämlich allein vom Arbeitseinsatz abhängig. Hierüber informiert die Figur II.

Die Absorption des Güterangebots durch die Nachfrage ist mit dem Sayschen Theorem garantiert. Seine Gültigkeit kann nicht mit dem Hinweis darauf in Zweifel gezogen werden, daß ein Teil des Einkommens gespart, also nicht zu konsumtiven Zwecken verwendet wird. Dafür sorgt der Realkapitalmarkt, der mit Figur IV seine Abbildung findet. Seine wettbewerbliche Organisation und die Abhängigkeit sowohl der Ersparnis wie der Investitionsnachfrage vom Realzins stellen sicher, daß jeglicher Konsumverzicht in eine entsprechend große Investitionsnachfrage transformiert wird. Der Realkapitalmarkt beeinflußt daher nur die Produktions- und Güternachfragestruktur, nicht aber deren Niveau.

Der Geldmarkt schließlich, der sich im Bild II wiederfindet, entscheidet über das Preisniveau. Er ist für die realen Bestimmungsfaktoren von Produktion und Beschäftigung bedeutungslos. Aufgrund des Sachverhalts, daß Geld lediglich zu Transaktionszwecken genutzt wird und die Geldmenge sowie die Zahlungsgewohnheiten als konstant anzusehen sind, führt das Geldmarktgeschehen dazu, daß sich jenes Preisniveau herausbildet, das zu dem vom Gütermarkt vorgegebenen realen Transaktionsvolumen paßt.

Insgesamt ist demnach festzuhalten, daß die Flexibilität aller Preise sowie die wettbewerbliche Ausrichtung aller Märkte zu einem allumfassenden Gleichgewicht führen. Arbeitslosigkeit etwa, die staatlichen Handlungsbedarf erzeugen würde, oder gar tiefgreifende Krisen sind mit einer solchen Vorstellung nicht vereinbar. Es kann daher nicht wundern, wenn aus der (neo-)klassischen Vorstellung von dem Ablauf des Wirtschaftsgeschehens in Marktwirtschaften häufig die Forderung nach einer weitgehenden wirtschaftspolitischen Abstinenz des Staates abgeleitet wird.

Man darf den theoretischen Entwurf indes auch nicht mißverstehen. Die Erfahrung nämlich, daß in der Realität Wirtschaftskrisen auftreten, widerspricht den (neo-) klassischen Schlußfolgerungen nicht in jedem Fall. Die Ursachen müssen allerdings in marktinkonformen und wettbewerbswidrigen Verhaltensweisen erblickt werden. Kartelle und Monopole z. B. oder aber staatliche Preisgarantien sind selbstverständlich Störfaktoren, welche die „invisible hand" daran hindern, ihre segensreiche Wirkung zu entfalten. Überdies muß das Theoriegebäude als ein Referenzsystem angesehen werden, das nur den Anspruch erhebt, grundlegende Tendenzen im Wirtschaftsablauf zu beschreiben. Denn natürlich benötigen Anpassungsprozesse Zeit - und die mag sich durchaus über lange Perioden erstrecken.

3.2 Die gesamtwirtschaftliche Aktivität aus keynesianischer Sicht

Keynesianer stehen der Vorstellung von der perfekten Koordinationsleistung des Marktsystems eher skeptisch gegenüber. Die Flexibilität der Preise ist nach ihrer Auffassung in vielen Fällen nicht ausreichend, um eine Räumung sämtlicher Märkte jederzeit zu gewährleisten. Sich ändernde Marktkonstellationen führen unter solchen Bedingungen vielmehr primär zu Mengenreaktionen jenseits von Preisanpassungen. Dies mag Instabilitäten zur Folge haben, verleiht jedenfalls aber der Auffassung Plausibilität, daß allfällige Gleichgewichte eher die Ausnahme denn die Regel sein dürften.

Im Verbund mit einigen neuartigen Begründungen im theoretischen Detail führt die Annahme der ungenügenden Preisflexibilität zu der Konsequenz, daß die Gültigkeit des Sayschen Theorem in Frage, ja geradezu auf den Kopf gestellt wird. Nicht das Angebot schafft sich dann seine Nachfrage, sondern die Nachfrageentscheidungen determinieren letztlich das Angebot und damit das Produktionsniveau. Wir wollen die Analyse beginnen, indem wir zunächst von einem gegebenem Preisniveau ausgehen.

3.2.1 Der Güter- und Realkapitalmarkt

Das Bemühen, den Umfang der Produktionstätigkeit in einer Volkswirtschaft zu erklären, macht, vom keynesianischen Standpunkt ausgehend, eine intensive Beschäftigung mit den Bestimmungsfaktoren der gesamtwirtschaftlichen Nachfrage erforderlich. Sie entscheiden letztlich über die effektive Abnahmebereitschaft des Marktes und damit auch über das Produktionsvolumen. Die Angebotsentscheidungen werden nämlich nach keynesianischer Diktion in Orientierung an dem vermuteten Nachfrageniveau getroffen, so daß die Absatzerwartungen die Basis für das tatsächliche Güter- und Leistungsangebot abgeben. Ändern sich die Absatzerwartungen, etwa aufgrund von Erfahrungen, so ändern sich auch die Produktionsentscheidungen. In der Formelsprache der Mathematik notiert diese Hypothese als

$$Y^s = Y^s(\text{Absatzerwartungen}) = Y.$$

Das Güterangebot Y^s, in dessen Höhe auch Realeinkommen Y entsteht, ist eine Funktion gegebener Absatzerwartungen. Produktion und Absatzerwartungen sind dabei positiv miteinander korreliert.

Über die Marktgegenseite, die gesamtwirtschaftliche Güternachfrage, ist zunächst einmal die Definition bekannt:

$$Y^d = C + I.$$

Das Niveau der Güternachfrage ergibt sich aus der Addition von Konsum- und Investitionsnachfrage. Definitionen erklären aber bekanntlich nichts, sondern legen einen Sachverhalt begrifflich fest. Eine Erklärung verlangt demgegenüber, daß die ursächlichen Faktoren der Konsum- und Investitionsnachfrage offengelegt werden. Wir benötigen folglich eine Konsum- und eine Investitionshypothese.

Als Determinanten der Konsumnachfrage kommen sicherlich viele Faktoren in Frage. Zu nennen wären etwa das Vermögen, die Einkommensverteilung, Preiserwartungen, das Zinsniveau (welches bekanntermaßen im (neo-)klassischen Kontext eine hervorragende Rolle spielt) und vieles Ähnliche mehr. Keynesianer betonen in diesem Zusammenhang vor allem das verfügbare Periodeneinkommen. Es ist für sie von dominierender Bedeutung. Funktional läßt sich diese Hypothese als

$$C = C(Y)$$

formulieren. Wenn wir uns daran erinnern, daß wir eine Volkswirtschaft ohne Staat und Auslandbeziehungen analysieren, und daß wir das Preisniveau zunächst als gegeben annehmen, so wird mit der Funktion eine Abhängigkeit der realen Konsumnachfrage vom realen Inlandsprodukt beschrieben, das in diesem Fall dem laufenden Realeinkommen entspricht. Dazu ist zweierlei anzumerken.

Als erstes fällt auf, daß die keynesianische Konsumhypothese - anders als ihr (neo-) klassisches Gegenstück - nicht aus einem Optimierungskalkül resultiert. Insoweit ist ihr ein gewisser ad-hoc-Charakter nicht abzusprechen. Darüber hinaus läßt die bisherige Formulierung offen, welche konkrete Eigenschaft denn die Abhängigkeit der Konsumnachfrage vom Realeinkommen aufweist. Die Antwort darauf wird üblicherweise mit dem Hinweis auf das „psychologische Gesetz" von J. M. Keynes gegeben, wonach mit steigendem Einkommen der Anteil des zu konsumtiven Zwecken verwendeten Einkommens sinkt. Mit anderen Worten: Die durchschnittliche Konsumquote C/Y nimmt mit zunehmendem Einkommen ab. Diese Eigenschaft erfüllen beide der folgenden Konsumfunktionen.

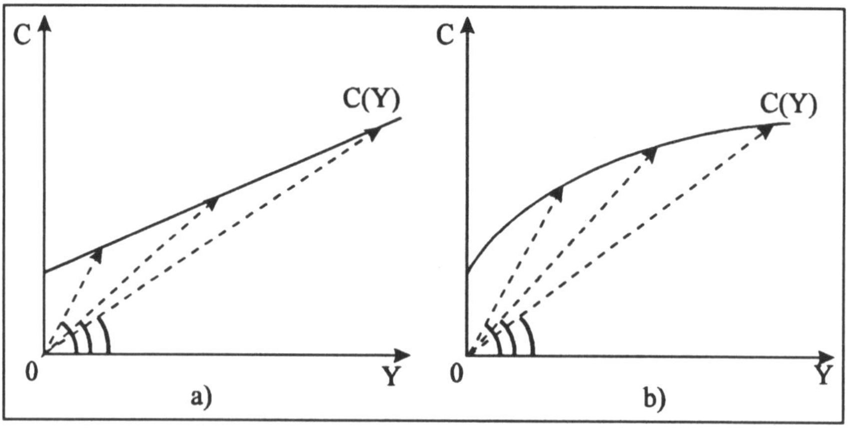

Abb. 3/23

Läßt man einen Fahrstrahl - aus dem Koordinatenursprung kommend - an den Graphen der Konsumfunktionen entlanggleiten, so informiert der Steigungswinkel des Fahrstrahls über den Durchschnittskonsum C/Y bei alternativen Realeinkommen. Wie ersichtlich ist, nimmt der Steigungswinkel mit zunehmendem Realeinkommen ab.

Der Unterschied zwischen den beiden Konsumfunktionen macht sich im Verlauf der Steigungen der Graphen selbst bemerkbar; und über die Steigung einer Kurve berichtet bekanntermaßen der Differentialquotient, hier: dC/dY. Er ist in diesem Fall mit dem Begriff der marginalen Konsumneigung belegt. Sie bringt die exakte Abhängigkeit der Konsumnachfrage vom Realeinkommen zum Ausdruck. Im Bild 3/23 a) ist sie konstant, in der Figur 3/23 b) hingegen nimmt sie ab.

Da beide Graphen dem „psychologischen Gesetz" von J. M Keynes gerecht werden, ist es üblich, anhand des linearen Verlaufs zu argumentieren. Wir wollen dieser Konvention folgen und gehen deshalb für die weiteren Überlegungen von einer linearen Konsumfunktion aus. Ihre exakte mathematische Formulierung lautet: $C = C^a + c_y \cdot Y$.

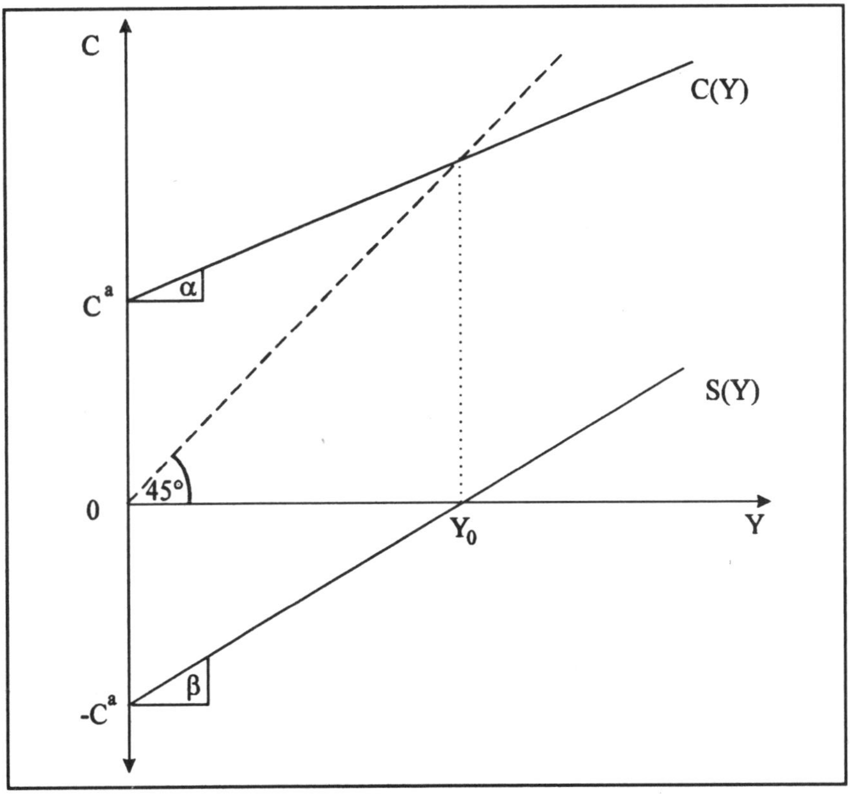

Abb. 3/24

C^a wird autonomer Konsum genannt, da dieser Teil der Konsumnachfrage nicht abhängig vom Einkommen ist. Man sollte ihn nicht - wie gelegentlich festzustellen - mit der Vorstellung von einem existentiell notwendigen Konsumniveau in Verbindung bringen, denn eine Volkswirtschaft ohne Realeinkommen zu analysieren, ist Unsinn. Im autonomen Konsum machen sich vielmehr all jene Faktoren bemerkbar, die neben dem Realeinkommen die Konsumnachfrage beeinflussen. Er entscheidet also über die Lage der Konsumfunktion im geometrischen Raum. Die marginale Konsumneigung $c_y = dC/dY$, die durch den tg α der Konsumgeraden definiert ist, informiert über die Konsumänderung, die aus einer Änderung des Realeinkommens folgt. Dieser Differentialquotient nimmt plausiblerweise einen Wert an, der in dem Intervall $0 < c_y < 1$ liegt. Für eine Größe von z. B. $c_y = 0{,}9$ heißt dies dann, daß eine Zunahme des Realeinkommens um eine Einheit eine gleichgerichtete Veränderung der Konsumnachfrage um 0,9 Einheiten bewirkt.

Bei einem Niveau des Realeinkommens in Höhe von Y_0 sind die Konsumnachfrage und das Einkommen deckungsgleich. Bei einer geringeren Höhe des Realeinkommens übersteigt die Konsumnachfrage das Einkommen, es ergeben sich also negative Ersparnisse. Man kann sich diesen Vorgang als einen Rückgriff auf früher angesammelte Vermögenswerte vorstellen. Positive Ersparnisse sind erst dann zu erwarten, wenn das Einkommen ein Niveau von Y_0 übersteigt.

Wie die Abb. 3/24 deutlich macht, ist mit der Konsumfunktion gleichzeitig auch die Sparfunktion definiert. Dies folgt logisch aus dem Sachverhalt, daß das nicht zu konsumtiven Zwecken verwendete Realeinkommen, der Konsumverzicht also, die Ersparnis darstellt - und wenn die Konsumnachfrage als einkommensabhängig angesehen wird, muß dasselbe auch für die Ersparnis gelten. In graphischer Hinsicht zeichnet die Gerade der Sparfunktion deshalb die vertikalen Abstände zwischen der Konsumkurve und der 45°-Linie nach. Ihre Steigung, der tg ß, definiert die marginale Sparneigung $s_y = dS/dY$, mit der die Veränderung der Ersparnis zum Ausdruck gebracht wird, die aus einer Änderung des Realeinkommens erwächst.

Die marginale Konsumneigung $c_y = dC/dY$ und die marginale Sparneigung $s_y = dS/dY$ sind nicht unabhängig voneinander. Sie ergänzen sich vielmehr zu Eins. Auch dies folgt logisch aus der Definitorik der Volkswirtschaftlichen Gesamtrechnung. Da die Aufteilungsgleichung für das Realeinkommen

$$Y = C + S$$

lautet, führt die Differentiation nach Y zu

$$dY/dY = dC/dY + dS/dY,$$

und damit gilt:

$$1 = c_y + s_y.$$

Über die Konsumnachfrage und ihre Bestimmungsfaktoren liegen nunmehr hinreichende Informationen vor. Für eine vollständige Analyse des Gütermarktgeschehens ist jetzt noch die Kenntnis der Investitionsnachfrage erforderlich. Sie ist nach keynesianischer Auffassung maßgeblich abhängig vom Marktzins i. Auf die theoretische Begründung dazu wollen wir vorerst verzichten und von einem gegebenen Marktzins ausgehen. Die Investitionsnachfrage ist für uns also zunächst eine gegebene Größe, weil $I = I(\bar{i}) = \bar{I}$ angenommen wird. Ein solches Vorgehen erlaubt zwar nur vorläufige, gleichwohl aber wertvolle Einsichten in die Besonderheiten des keynesianischen Gütermarktgleichgewichts.

3.2.1.1 Das Marktgleichgewicht bei gegebener Investitionsnachfrage

Der makroökonomische Gütermarkt befindet sich im Gleichgewicht, wenn das von den Unternehmen geplante, auf der Basis gegebener Absatzerwartungen zustande gekommene Güterangebot von der Nachfrage absorbiert wird. Diese Konstellation läßt sich sowohl graphisch abbilden wie auch mathematisch herleiten. Wir diskutieren zunächst die graphische Darstellung.

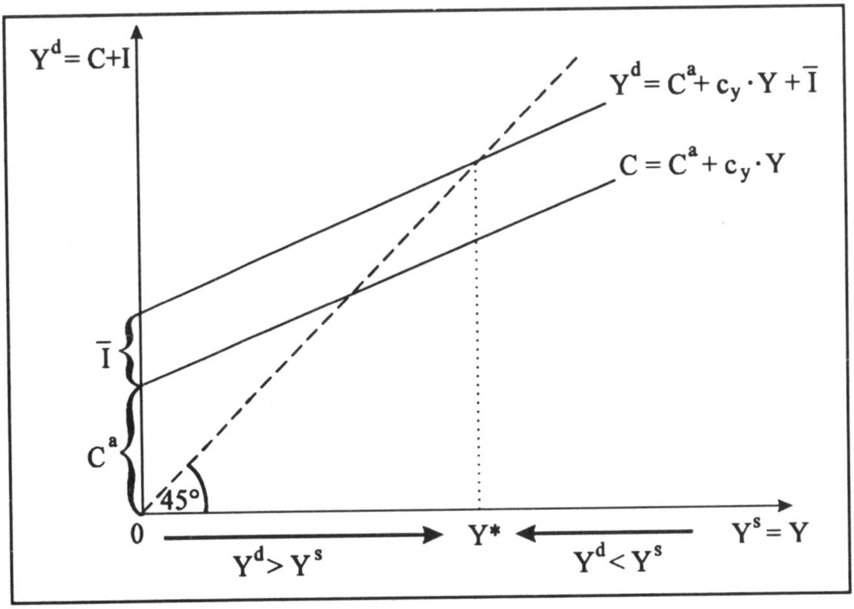

Abb. 3/25

Auf der Abszisse ist das Güterangebot abgetragen, und auf der Ordinate notiert die gesamtwirtschaftliche Nachfrage. Sie setzt sich additiv zusammen aus der Konsum- und der Inverstitionsgüternachfrage. Da wir vorerst von einem gegebenen Investitionsniveau ausgehen, ist die gesamtwirtschaftliche Nachfrage allein abhängig vom Einkommen. Die in der Abb. 3/25 in Höhe des Investitionsniveaus parallel verschobene Konsumgeraden informiert über diesen Tatbestand.

Das Gleichgewicht auf dem makroökonomischen Gütermarkt erfordert, wie ersichtlich ist, ein Realeinkommen, das den Wert Y^* aufweist. Nur bei dieser Höhe des Einkommens stimmt das geplante Güterangebot mit der gesamtwirtschaftlichen Güternachfrage überein. Sofern die Unternehmen etwa - in Erwartung entsprechender Absatzmöglichkeiten - ein Güterangebot erstellen, daß zu einem geringeren Einkommen führt, übersteigt die Güternachfrage das Angebot. Es liegt dann eine Überschußnachfrage auf dem Gütermarkt vor. Da wir Preisveränderungen als mögliche Konsequenz ausgeschlossen haben, kann die gesamtwirtschaftliche Nachfrage unter diesen Umständen offenbar nur befriedigt werden, wenn die Unternehmen auf Lagerbestände zurückgreifen, die in der Vergangenheit aufgebaut wurden. Ein Lagerabbau, der nicht beabsichtigt war, bedeutet aber eine negative, ungeplante Investition. Und dauerhaft ist ein Rückgriff auf Lagerbestände nicht möglich. Man wird deshalb vermuten dürfen, daß die Unternehmen ihre Absatzerwartungen korrigieren und die Produktion entsprechend ausweiten. Dies wird so lange wahrscheinlich sein, wie eine Überschußnachfrage existiert und das Gleichgewichtsniveau Y^* des Einkommens noch nicht erreicht ist.

Analog ist für eine Situation des Überschußangebots zu argumentieren. Sie liegt vor, wenn ein Produktionsvolumen zustandekommt, das zu einem höheren Volkseinkommen als dem Gleichgewichtseinkommen Y^* führt. In diesem Fall übersteigt das Güterangebot die gesamtwirtschaftliche Nachfrage. Die Absatzerwartungen sind dann offenbar zu optimistisch gewesen und ein Teil der laufenden Produktion muß zunächst auf Lager genommen werden. Er stellt eine positive, nicht beabsichtigte Lagerinvestition dar. Eine derartige Situation wird ebenfalls nicht von Dauer sein. Nunmehr ist eine Drosselung der Produktion wahrscheinlich. Sie wird so lange stattfinden, bis sich die Absatzerwartungen schließlich bestätigen, mithin ein Volkseinkommen erzeugt wird, das den Marktausgleich garantiert.

Die Überlegungen lassen deutlich werden, daß im Gleichgewicht keine ungeplanten Investitionen entstehen. Das Gütermarktgleichgewicht findet deshalb seine Entsprechung in einer vergleichbaren Situation auf dem Realkapitalmarkt. Hier treffen bekanntlich die gewünschte Realersparnis und die geplante Investitionsnachfrage aufeinander.

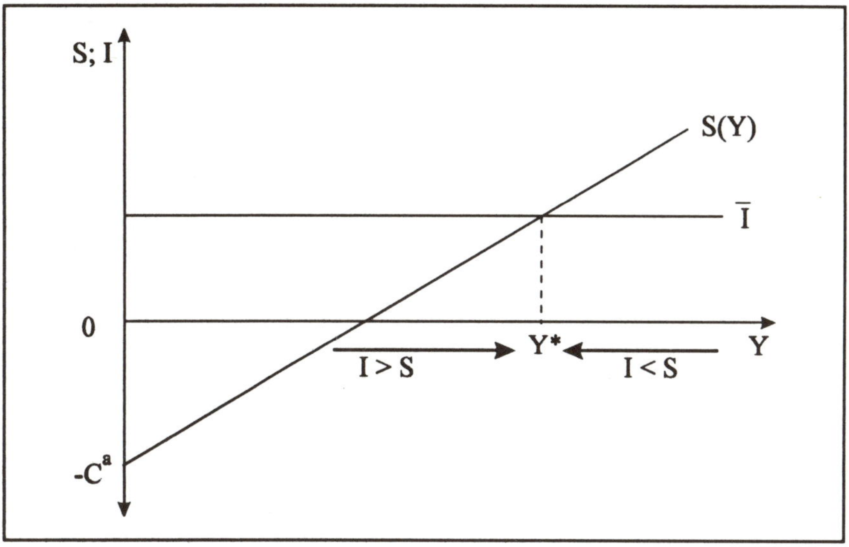

Abb. 3/26

Das Realeinkommen Y^* stellt sicher, daß die geplante Ersparnis dem Niveau der geplanten Investitionsnachfrage entspricht. Das von den Haushalten nicht zu Konsumzwecken nachgefragte Güterangebot wird also von den Unternehmen als gewünschte Investition in Anspruch genommen. Diese Bedingung ist nur bei einem Volkseinkommen in Höhe von Y^* erfüllt.

Ein geringeres Realeinkommen als der Gleichgewichtswert Y^* führt dazu, daß die Ersparnis hinter der Investitionsnachfrage zurückbleibt: Der Realkapitalmarkt befindet sich im Ungleichgewicht; es liegt eine Überschußnachfrage ($S < I$) vor. Der gewollte Konsumverzicht ist bei dem aktuellen Einkommen dann zu gering. Unterstellt man, daß die Konsumnachfrage dennoch befriedigt wird, so kann dies nur aus vorhandenen Lagerbeständen erfolgen. Die tatsächliche Investition ist unter diesen Umständen geringer als das geplante Niveau. Dies bedeutet, daß sich die Absatzerwartungen der Unternehmen als zu pessimistisch erwiesen haben. Als Konsequenz ist eine Ausweitung der Produktion wahrscheinlich, mit der eine zunehmende Ersparnis einhergeht, bis das Gleichgewichtseinkommen Y^* erreicht ist.

Für Einkommenswerte, die größer als Y^* sind, gilt dann wieder Gegenteiliges. Der Realkapitalmarkt weist in solchen Fällen ein Überschußangebot auf, da die Ersparnis das Investitionsniveau übertrifft ($S > I$). Der die geplante Investitionsnachfrage übersteigende Konsumverzicht wird die Läger füllen, so daß die tatsächliche Investition größer ausfällt als das gewünschte und erwartete Volumen. Produktionseinschränkungen und mithin ein Rückgang des Volkseinkommens werden die Folge sein, bis sich letztlich der Gleichgewichtswert Y^* herausgebildet hat.

Konfrontiert man ein derartiges Verständnis von der Funktionsweise des Güter- und Realkapitalmarktes mit den entsprechenden Vorstellung der (Neo-)Klassiker, so sind zwei entscheidende Unterschiede festzustellen. Zum einen fällt auf, daß im keynesianischen Kontext die Investitionsnachfrage für das Niveau des Gleichgewichtseinkommens nicht ohne Bedeutung ist. Während nämlich im (neo-) klassischen Fall der Realkapitalmarkt nur die Produktionstruktur, nicht aber das Produktionsniveau beeinflußt, ist nach keynesianischer Auffassung die Höhe der Investitionsnachfrage wesentlich für den Gleichgewichtswert der Produktionsaktivität.

Zum anderen ist daran zu erinnern, daß nach (neo-)klassischem Verständnis das Gütermarktgleichgewicht wegen des Sayschen Theorems grundsätzlich sichergestellt ist - und dies gilt unabhängig von dem Niveau der Produktionsaktivität. Ein gleichgewichtiger Gütermarkt ist also mit jedem beliebigen Niveau des Volkseinkommens vereinbar. Ganz anders hingegen die keynesianische Konklusion. Sie verlangt ein einziges, wohlbestimmtes Niveau Y^* des Volkseinkommens, das vorliegen muß, wenn Gleichgewicht herrschen soll.

Über diesen Wert und seine Bestimmungsfaktoren informiert man zweckmäßigerweise, in dem man die Mathematik bemüht. Wenn das Güterangebot Y^s mit

(1) $Y^s = Y^s(\text{Absatzerwartungen}) = Y$

beschrieben werden kann, und die Güternachfrage Y^d als

(2) $Y^d = C + I$

definiert ist, dann läßt sich, unter Zuhilfenahme der Konsumfunktion

(3) $C = C^a + c_y \cdot Y$

und der (zunächst vorläufigen) Investitionshypothese

(4) $I = I(\bar{i}) = \bar{I}$,

eine theoretisch fundierte Information über das Verhalten der gesamtwirtschaftlichen Nachfrage [durch Einsetzen von (3) und (4) in (2)] in Form von

(5) $Y^d = C^a + c_y \cdot Y + \bar{I}$

geben, und die Bedingung für das Gütermarktgleichgewicht lautet [durch Gleichsetzen von (1) und (5)]:

(6) $Y^s = Y^d \qquad \Leftrightarrow$

$$Y = C^a + c_y \cdot Y + \bar{I} \quad <=>$$

$$Y(1-c_y) = [C^a + \bar{I}] \quad <=>$$

$$Y^* = [1/(1 - c_y)] \cdot [C^a + \bar{I}]$$

Der Quotient $1/(1 - c_y)$ heißt Multiplikator. Er informiert darüber, daß das Gleichgewichtseinkommen ein Vielfaches der Summe aus autonomer Konsum- und gegebener Investitionsnachfrage beträgt. Sein Wert ist durch die marginale Konsumneigung c_y bzw., da $1 - c_y = s_y$ gilt, durch die marginale Sparneigung s_y festgelegt. Daraus folgt, daß der Multiplikatorwert um so größer (geringer) ausfällt, je größer (kleiner) die marginale Konsumneigung bzw. je kleiner (größer) die marginale Sparneigung notiert.

Dem Multiplikator kommt, wie man sich leicht klarmachen kann, eine besondere Bedeutung zu. Denn er informiert auch darüber, in welcher Höhe sich das Gleichgewichtseinkommen verändert, wenn entweder die autonome Konsumnachfrage C^a oder die (zunächst als gegeben angenommene) Investitionsnachfrage $\bar{I}$ variiert. Die Konsequenzen eines derartigen Geschehens lassen sich am einfachsten mathematisch nachvollziehen. Dazu ist die Bestimmungsgleichung des gleichgewichtigen Realeinkommen (6) lediglich zu differenzieren. Für den Fall einer Änderung z. B. der Investitionsnachfrage bedeutet dies

(7) $dY^*/d\bar{I} = 1/(1 - c_y)$ oder

$$dY^* = [1/(1 - c_y)] \cdot d\bar{I}$$

Eine Variation der Investitionsnachfrage führt demnach zu einer gleichgerichteten Veränderung des gleichgewichtigen Volkseinkommens, die ein Vielfaches der veränderten Investitionsnachfrage ausmacht - und dieses Vielfache bemißt sich nach dem Multiplikator.

Die ökonomische Essenz der formalen Herleitung läßt sich zum Beispiel wie folgt beschreiben: Infolge einer Zunahme der Investitionsnachfrage kommt es zunächst zu einer Ausweitung der Produktionstätigkeit in Höhe des Nachfrageanstiegs. Die Produktionsausweitung bedeutet ihrerseits einen gleich großen Zuwachs des Realeinkommens. Dieser bewirkt nun eine Steigerung der Konsumnachfrage nach Maßgabe der marginalen Konsumneigung. Mit der Konsumnachfrage wird die Produktion aber erneut expandieren, so daß weitere Einkommenszuwächse die Folge sind. Aus ihnen speisen sich nochmals Konsumänderungen, die wiederum die Produktion anregen usw.. Die Abb. 3/27 macht diesen Prozeß deutlich.

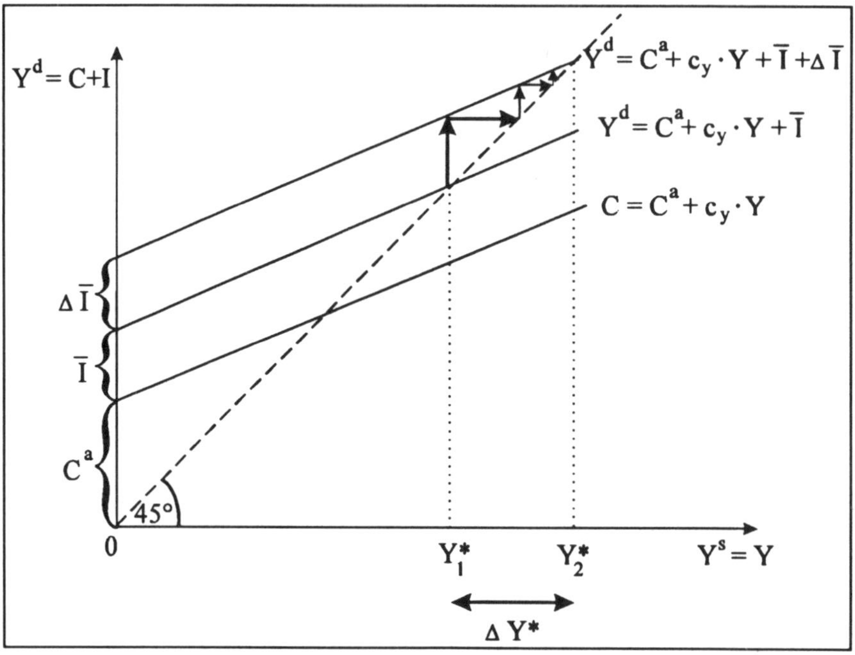

Abb. 3/27

Die Triebfeder der Entwicklung ist in der Einkommensabhängigkeit des Konsums zu sehen. Sie generiert, sobald Nachfrageänderungen ein Ungleichgewicht auf dem Gütermarkt erzeugen, weitere Änderungen, und zwar so lange, bis ein neues Gleichgewicht erreicht ist. Mathematisch gesehen entwickelt sich dabei das Realeinkommen in einer Weise, die mit Hilfe einer geometrischen Reihe abgebildet werden kann.

Die Investitionszunahme zieht zunächst eine gleichgerichtete Produktions- und damit Einkommensänderung in gleicher Höhe nach sich:

$$\Delta Y_1 = \Delta\bar{I}.$$

Ihr folgt ein Anstieg der Konsumnachfrage mit einer entsprechenden Produktions- und Einkommenssteigerung in Höhe von $\Delta C_2 = c_y \cdot \Delta Y_1 = c_y \cdot \Delta\bar{I}$, so daß der Einkommenszuwachs insgesamt

$$\Delta Y_2 = \Delta\bar{I} + c_y \cdot \Delta\bar{I}$$

beträgt. In der dritten Periode wird sich die Konsumnachfrage erneut verändern und wiederum eine Produktionsausdehnung bewirken. Der Gesamteffekt beziffert sich nun auf

$$\Delta Y_3 = \Delta \bar{I} + c_y \cdot \Delta Y_2 \qquad \text{bzw. auf}$$

$$\Delta Y_3 = \Delta \bar{I} + c_y \cdot \Delta \bar{I} + c_y^2 \cdot \Delta \bar{I},$$

da $\Delta Y_2 = \Delta \bar{I} + c_y \cdot \Delta \bar{I}$. Eine Verallgemeinerung des Bildungsgesetzes gestattet es, für die Periode t einen Gesamteffekt in Höhe von

$$\Delta Y_t = \Delta \bar{I} + c_y \cdot \Delta \bar{I} + c_y^2 \cdot \Delta \bar{I} + \ldots + c_y^{t-1} \cdot \Delta \bar{I}$$

zu notieren. Multipliziert man mit c_y, so folgt

$$c_y \cdot \Delta Y_t = c_y \cdot \Delta \bar{I} + c_y^2 \cdot \Delta \bar{I} + c_y^3 \cdot \Delta \bar{I} + \ldots + c_y^t \cdot \Delta \bar{I}.$$

Nach Subtraktion der letzten Relation von der vorletzten verbleibt

$$\Delta Y_t - c_y \cdot \Delta Y_t = \Delta \bar{I} - c_y^t \cdot \Delta \bar{I} \qquad \text{bzw.}$$

$$\Delta Y_t \cdot (1 - c_y) = (1 - c_y^t) \cdot \Delta \bar{I} \qquad \text{oder}$$

$$\Delta Y_t = [(1 - c_y^t)/(1 - c_y)] \cdot \Delta \bar{I}$$

Über die marginale Konsumneigung c_y hatten wir früher die Aussage „$o < c_y < 1$" getroffen. Deshalb konvergiert c_y^t für $t \dashrightarrow \infty$ gegen Null, und als Resultat erhält man die bereits bekannte Beziehung

$$\Delta Y_t = [1/(1 - c_y)] \cdot \Delta \bar{I}.$$

Damit haben wir erste und wichtige Einsichten in die Besonderheiten des keynesianischen Gütermarktgleichgewichts gewonnen. Sie basieren auf der Annahme einer gegebenen Investitionsnachfrage. Diese Annahme ist zweifellos sehr restriktiv. Wir müssen sie daher im folgenden aufgeben und der Frage nachgehen, inwieweit unsere bisherigen Resultate zu modifizieren sind, wenn wir die Zinsabhängigkeit der Investitionsnachfrage berücksichtigen.

<u>Ein Rechenbeispiel:</u>

Die Unternehmensentscheidungen hinsichtlich des Güter- und Leistungsangebotes in einer geschlossenen Volkswirtschaft ohne Staat mögen sich mit

(1) $Y^s = Y^s(\text{Absatzerwartungen}) = Y$

beschreiben lassen. Die gesamtwirtschaftliche Güternachfrage ist für eine solche Volkswirtschaft definiert als

(2) $Y^d = C + I.$

Wenn die Konsumnachfrage der Funktion

(3) $C = 300 + 0{,}8 \cdot Y$

gehorcht, und über die Investitionsnachfrage die Information

(4) $I = 700 - 2.000 \cdot i$, mit $i = 0{,}1$

vorliegt, dann gilt für das theoretische Fundament der gesamtwirtschaftlichen Güternachfrage

(5) $Y^d = 300 + 0{,}8 \cdot Y + 500.$

Das Gleichgewicht auf dem Güter- und Realkapitalmarkt erfordert

(6)
$$\begin{aligned} Y^s &= Y^d && \Leftrightarrow \\ Y &= 300 + 0{,}8 \cdot Y + 500 && \Leftrightarrow \\ Y - 0{,}8 \cdot Y &= [300 + 500] && \Leftrightarrow \\ Y \cdot (1 - 0{,}8) &= [300 + 500] && \Leftrightarrow \\ Y^* &= [1/(1 - 0{,}8)] \cdot [300 + 500] = 4.000, \end{aligned}$$

also ein Realeinkommen in Höhe von $Y^* = 4.000$. Sollte der Zinssatz sich verändern, z. B. von $i = 0{,}1$ auf $i = 0{,}05$ sinken, so führt dies zu einem Anstieg der Investitionsnachfrage um $\Delta I = 100$ auf $I = 600$. Dies bewirkt eine Veränderung des Gleichgewichtseinkommens um

(7) $\Delta Y^* = [1/(1 - 0{,}8)] \cdot [100] = 500,$

so daß sich der neue Wert für das gleichgewichtige Realeinkommen mit $Y^* = 4.500$ beziffern läßt.

Der Anpassungsprozeß selbst kann nur mit Hilfe einer dynamischen Relation abgebildet werden. Dazu ist eine Sequenztabelle nützlich.

Periode	Y	C	I	Σ ΔY
0	4.000	3.500	500	-
1	4.100	3.500	600	100
2	4.180	3.580	600	180
3	4.244	3.644	600	244
↓	↓	↓	↓	↓
∞	4.500	3.900	600	500

Tab. 3/4

Unterstellt man, daß die Unternehmen ihre Produktionsentscheidungen unmittelbar an Nachfrageveränderungen anpassen, die Haushalte jedoch ihre Konsumentscheidungen mit einer Verzögerung von einer Periode an dem Realeinkommen ausrichten $[C_t = C_t(Y_{t-1})]$, dann führt ein Anstieg der Investitionsnachfrage in der Periode 1 zunächst zu einer gleich großen zusätzlichen Produktion. Die Entwicklung in der Folgezeit wird dann ausschließlich von der Konsumanpassung getrieben. Der Einkommenszuwachs in Höhe von $Y_1 = 100$ führt in der Periode 2 zu einer Expansion der Konsumnachfrage in Höhe von $C_2 = c_y \cdot Y_1 = 0{,}8 \cdot 100 = 80$. Die damit erneut zunehmende Produktionstätigkeit erhöht wiederum das Volkseinkommen. Daraus erwächst nochmals ein Konsumzuwachs in der Periode 3 usw.. Die Entwicklung konvergiert gegen den neuen Gleichgewichtswert $Y^* = 4.500$ in der Periode ∞. Die letzte Spalte der Sequenztabelle dokumentiert die Veränderungen des Realeinkommens als Entwicklung einer geometrischen Reihe in der Zeit.

3.2.1.2 Das Marktgleichgewicht bei zinsabhängiger Investitionsnachfrage

Der entscheidende Bestimmungsfaktor der gesamtwirtschaftlichen Investitionsnachfrage ist nach keynesianischer Auffassung - wie bereits erwähnt - der Marktzins i, und zwar gilt: $I = I(i)$ mit $dI/di < 0$. Die Abb. 3/28 bringt diese Hypothese graphisch zum Ausdruck.

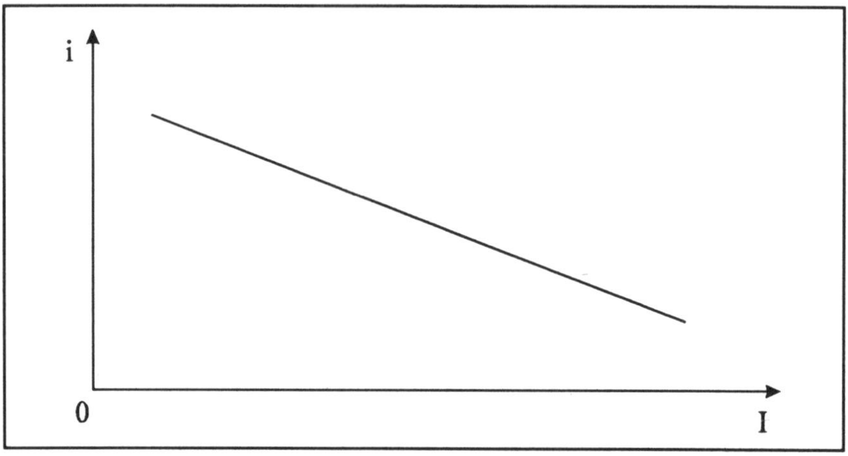

Abb. 3/28

Marktzins und Investitionsvolumen sind negativ miteinander verknüpft.

Formal betrachtet hat diese Auffassung viel mit der (neo-)klassischen Überzeugung gemeinsam. Inhaltlich existieren jedoch beträchtliche Unterschiede. Während im (neo-)klassischen Kontext die Investitionsnachfrage aus einem eher technischen Zusammenhang, nämlich der gegebenen Grenzproduktivität des Kapitals, abgeleitet wurde, folgt die keynesianische Investitionshypothese aus einem einzelwirtschaftlichen, mit Unsicherheitsmomenten behafteten Rentabilitätskalkül.

Die Rentabilität eines Investitionsobjekts läßt sich ermitteln, wenn man die Anschaffungsausgaben A der Investition mit dem Gegenwartswert B der dem Investitionsobjekt zurechenbaren zukünftigen Nettoeinnahmen E_1, E_2 ... E_t vergleicht. Der Kalkül erweist sich dabei als vorteilhaft oder rentabel, wenn

$$A < B = [E_1/(1+i)] + [E_2/(1+i)^2] + \ldots + [E_t/(1+i]^t]$$

gilt. Bei den zukünftigen Nettoeinnahmen E_1, E_2 ... E_t handelt es sich um Erwartungsgrößen. Sie sind mit dem Marktzins i auf den Anschaffungszeitpunkt abzuzinsen, um den Gegenwartswert B zu erhalten. Nur er gewährleistet die Vergleichbarkeit mit den Anschaffungsausgaben. Sind diese geringer als der Gegenwartswert der erwarteten zukünftigen Einnahmenüberschüsse, ist es offenbar lohnend, das betreffende Investitionsobjekt zu realisieren, weil ein vergleichbares Engagement am Finanzkapitalmarkt zu geringeren finanziellen Erträgen führt.

Das skizzierte Berechnungsverfahren basiert natürlich auf drastischen Vereinfachungen. Es unterstellt z. B., daß Finanzbeträge zum gleichen Marktzins i jederzeit ausgeliehen und angelegt werden können, daß am Ende der Nutzungsdauer einer Investition keine Restwerte existieren und daß die Einnahmenüberschüsse jeweils am Ende einer Zahlungsperiode anfallen. Gleichwohl liefert es ein nützliches Bewertungs- und Entscheidungskriterium.

Ein vergleichbarer Maßstab liegt vor, wenn nicht die Anschaffungsausgaben dem Gegenwartswert der zukünftigen Einnahmeüberschüsse gegenübergestellt werden, sondern wenn der Marktzins i mit dem internen Zins r konfrontiert wird. Als interner Zins oder auch Grenzleistungsfähigkeit des Kapitals bezeichnet man jene Ertragsrate r, mit der die zukünftigen Nettoeinnahmen abzuzinsen sind, um einen Gegenwartswert zu erhalten, der den Anschaffungsausgaben entspricht. Der interne Zins einer Investition gewährleistet also

$$A = B = [E_1/(1+r)] + [E_2/(1+r)^2] + ... + [E_t/(1+r)^t].$$

Das Vorteilhaftigkeitskriterium lautet unter diesen Umständen: $i < r$. Die mit dem Investitionsobjekt möglichen Erträge sind dann höher als die Kosten, die aus einer Kreditfinanzierung der Anschaffungsausgaben folgen. Oder anders gewendet: Eine Finanzinvestition in Höhe der Anschaffungsausgaben ist in diesem Fall weniger ertragreich als die Realinvestition.

Die gesamtwirtschaftliche Investitionsnachfrage entspricht, legt man das Vorteilhaftigkeitskriterium $i < r$ zugrunde, der Summe aller investiven Anschaffungsausgaben, für die der interne Zins r den Marktzins i übersteigt. Diese Schlußfolgerung wird deutlich, wenn man alle in einer Volkswirtschaft beabsichtigten Investitionsvorhaben nach der Höhe ihrer internen Verzinsung ordnet und sie mit alternativen Marktzinsen konfrontiert.

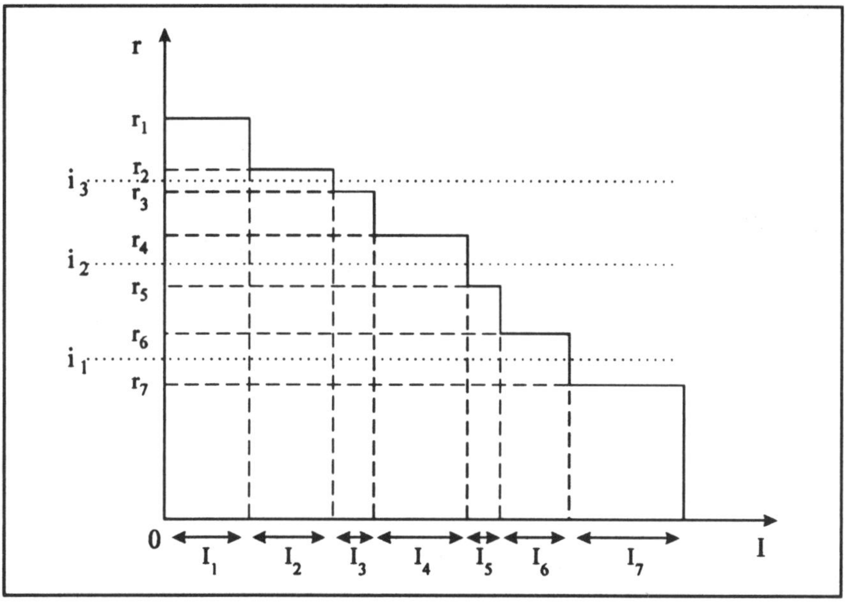

Abb. 3/29

Bei einem Marktzins in Höhe von beispielsweise i_1 erweisen sich die Investitionsobjekte I_1, I_2, ... I_6 als vorteilhaft. Die jeweils zugehörigen internen Ertragsraten liegen über dem Niveau des Marktzinses. Steigt hingegen der Marktzins auf i_2, so erfüllen die Investitionsobjekte I_5 und I_6 das Vorteilhaftigkeitskriterium nicht mehr. Die gesamte Investitionsnachfrage wird sich deshalb um die Anschaffungsausgaben dieser Objekte verringern und nurmehr noch $I_1 + I_2 + I_3 + I_4$ betragen. Ein Marktzins schließlich, der das Niveau i_3 erreicht, wird dazu führen, daß lediglich die Alternativen I_1 und I_2 verwirklicht werden.

Verallgemeinert man diesen Sachverhalt, und stellt man in Rechnung, daß die Gesamtheit aller Investitionsobjekte in einer Volkswirtschaft sehr umfangreich sein dürfte, dann kann der Zusammenhang zwischen dem Marktzins und der Investitionsnachfrage durch eine stetige Funktion approximiert werden, wie sie bereits in der Abb. 3/28 zum Ausdruck kam.

Die Lage der Investitionskurve im geometrischen Raum ist durch die Grenzleistungsfähigkeit des Kapitals bestimmt. Ändert sich letztere, so wird sich die Investitionskurve verschieben. Eine optimistische Zukunftsperspektive etwa wird sich in den erwarteten Einnahmeüberschüssen niederschlagen mit der Konsequenz, daß sich der Graph nach rechts verlagert. Und pessimistische Aussichten werden ihren Ausdruck in einer Verschiebung der Kurve nach links finden. Im Extremfall mag dies gar dazu führen, daß die Investitionsnachfrage auf Zinsvariationen überhaupt nicht reagiert, weil der Kalkül eine sofortige Amortisation der Anschaffungsausgaben verlangt. Die Nachfrage nach Investitionsgütern wäre dann völlig zinsunelastisch.

Wenn wir im folgenden der Frage nach dem Gütermarktgleichgewicht bei zinsabhängiger Investitionsnachfrage nachgehen, so wollen wir zunächst den „Normalfall“ annehmen, d. h. eine gegebene Grenzleistungsfähigkeit des Kapitals unterstellen sowie eine Zinsreagibilität der Investitionsnachfrage voraussetzen, die größer ist als Null.

Das Gütermarktgleichgewicht verlangt unter diesen Umständen

$$Y^s = Y^d \qquad \text{bzw.}$$

$$Y = C(Y) + I(i)$$

oder, da sich die Situation auch im Realkapitalmarkt spiegelt

$$S(Y) = I(i).$$

Es ist unschwer zu erkennen, daß nunmehr die Marktgleichgewichte nicht durch einen einzigen Wert des Realeinkommens bestimmt sein können. Sie sind vielmehr ebenso abhängig vom Marktzins. Dieser bildet sich indes nach keynesianischer Auffassung auf dem Geldmarkt und ist damit dem Güter - und Realkapitalmarkt vorgegeben. Notiert das Zinsniveau z. B. hoch, so wird die Investitionsnachfrage gering sein. Das Gleichgewicht auf dem Realkapitalmarkt verlangt dann nach einer ebenso geringen Ersparnis, die ihrerseits ein niedriges Realeinkommen voraussetzt.

Ist hingegen der Marktzins niedrig, so ist ein hoher Wert des Realeinkommens vonnöten, wenn ein Marktgleichgewicht vorliegen soll. Ein niedriger Zins wird nämlich zu einer hohen Investitionsnachfrage führen, und diese setzt für das erforderliche Gleichgewicht eine ebenso große Ersparnis voraus. Das folgende Bild bildet den fraglichen Sachverhalt graphisch ab.

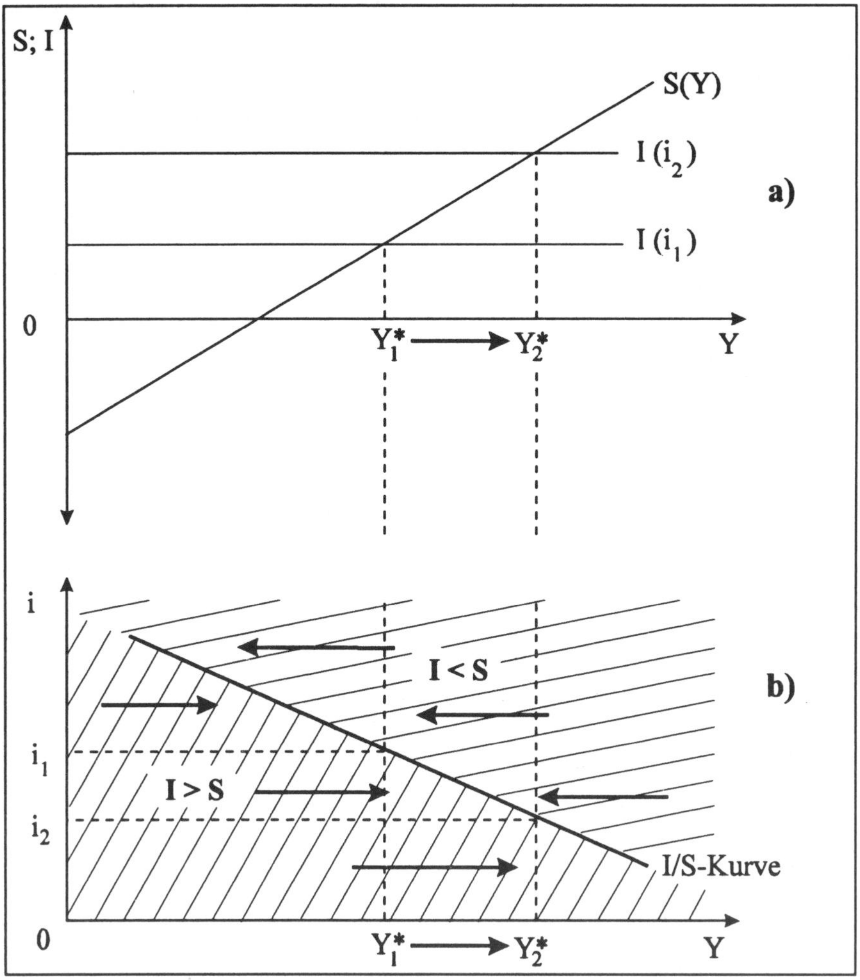

Abb. 3/30

Abb. 3/30 a) kennzeichnet zwei Gleichgewichtswerte des Realeinkommens (Y_1^* und Y_2^*), die sich aus den Schnittpunkten der beiden Investitionskurven $I(i_1)$ und

$I(i_2)$ mit der Sparkurve S(Y) ergeben. Die Gerade der Investitionsnachfrage $I(i_2)$ sei das Ergebnis des Marktzinses i_2 und jene der Investitionsnachfrage $I(i_1)$ gehöre zu dem Marktzins i_1; es gelte $i_1 > i_2$. Mit dem niedrigeren Marktzins i_2 geht eine höhere Investitionsnachfrage einher. Diese wird - sieht man in Y_1^* ein Ausgangsgleichgewicht - so lange multiplikativ verstärkte Produktions- und Einkommenssteigerungen generieren, bis sich das neue gleichgewichtige Realeinkommen Y_2^* herausgebildet hat. Dieser Wert und sonst keiner sichert unter den neuen Zinsumständen das Gleichgewicht auf dem Güter- und Realkapitalmarkt.

Die Abb. 3/30 b) läßt erkennen, welcher Zusammenhang zwischen alternativen Marktzinsen und den zugehörigen Gleichgewichtswerten beim Realeinkommen angenommen werden muß. Beide Variablen sind negativ miteinander verknüpft. Bildet man alle derartigen Zins-Einkommens-Kombinationen graphisch ab, so entsteht die I/S-Kurve. Sie informiert über sämtliche i/Y-Kombinationen, die ein Gleichgewicht auf dem Realkapitalmarkt garantieren. i/Y-Kombinationen links von der I/S-Kurve kennzeichnen dann offenbar Marktkonstellationen, die eine Überschußnachfrage (I > S) bedeuten. Derartige Konstellationen führen jedoch, wie wir an früherer Stelle gesehen haben, zu einer Ausweitung der Produktion. Das Realeinkommen wird zunehmen, bis sich ein Wert herausgebildet hat, der die geplante Ersparnis mit der geplanten Investition in Übereinstimmung bringt.

Umgekehrtes gilt für i/Y-Kombinationen rechts von der I/S-Kurve. Sie bilden Konstellationen auf dem Realkapitalmarkt ab, die für ein Überschußangebot (I < S) stehen. Für diesen Fall ist zu erwarten, daß Produktionseinschränkungen folgen. Sie werden das Einkommen sinken lassen, bis die überhöhte Ersparnis letztendlich dem Investitionsvolumen entspricht und damit ein Punkt auf der I/S-Kurve erreicht ist.

Wenn insoweit deutlich wurde, daß nach keynesianischer Auffassung die I/S-Kurve das Gleichgewicht auf dem Realkapitalmarkt abbildet, interessieren abschließend noch die Eigenschaften der I/S-Kurve. Sie lassen sich an der Steigung der Kurve sowie an deren Lage im i/Y-Diagramm festmachen.

Die Steigung der I/S-Kurve ist abhängig von dem numerischen Wert des Multiplikators und damit von der marginalen Konsumneigung c_y (bzw. der marginalen Sparneigung s_y) einerseits und von der Zinsreagibilität der Investitionsnachfrage andererseits. Anhand der Abb. 3/30 kann leicht nachvollzogen werden, daß die I/S-Kurve um so flacher verlaufen muß, je höher der Multiplikator ausfällt und je sensitiver die Investitionsnachfrage auf Zinsveränderungen reagiert.

Der Einfluß des Multiplikators zeigt sich in der Steigung der Sparkurve. Verläuft sie flach, ist die marginale Sparneigung s_y also gering und die marginale Konsumneigung c_y folglich hoch, so wird die I/S-Kurve ebenfalls eine nur geringe Steigung aufweisen.

Gleiches gilt bei einer ausgeprägten Zinsreagibilität der Investitionsnachfrage. Sie bringt sich im Bild 3/30 a) in der Verschiebung der Investitionsgeraden zum

Ausdruck. Reagiert die Investitionsnachfrage sensitiv auf Zinsveränderungen, so wird eine gegebene Zinssenkung eine beachtliche Zunahme der Investitionstätigkeit zur Folge haben. Die Verschiebung der Investitionsgerade $I(i_2)$ nach oben fällt dann besonders deutlich aus. Im Ergebnis folgt daraus wiederum eine flacher verlaufende I/S- Kurve.

Die Lage der I/S-Kurve im i/Y-Diagramm ist von dem Niveau der autonomen Nachfrage abhängig. Nimmt letztere zu, so führt dies zu einer Verschiebung der I/S-Kurve nach rechts und umgekehrt. Sofern z. B. der autonome Konsum steigt, verlagert sich die Sparkurve in der Abb. 3/30 a) nach rechts. Für die I/S-Kurve hat dies zur Konsequenz, daß bei alternativen Marktzinsen die zugehörigen Gleichgewichtswerte des Realeinkommens höher notieren. Sie wird mithin ebenfalls nach rechts wandern. Gleiches gilt für eine Veränderung der Grenzleistungsfähigkeit des Kapitals infolge von z. B. günstigeren Ertragsperspektiven. Steigt die Grenzleistungsfähigkeit des Kapitals, so verschiebt sich - wie früher deutlich wurde - die Investitionskurve im geometrischen Raum. Da nunmehr bei alternativen Marktzinsen die Investitionsnachfrage höher ausfällt als zuvor, bedeutet dies im Hinblick auf die I/S-Kurve, daß sie sich ebenfalls nach rechts verlagert.

Ein Resümè der keynesianischen Analyse des Güter- bzw. Realkapitalmarktes führt also zu der Skizze:

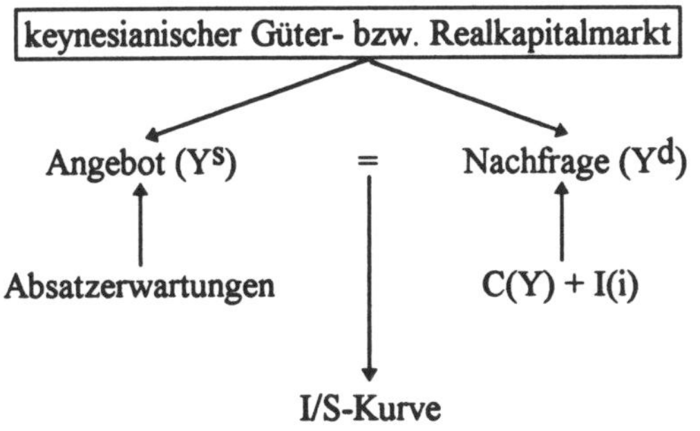

Ein Rechenbeispiel:

Die Unternehmensentscheidungen hinsichtlich des Güter- und Leistungsangebotes in einer geschlossenen Volkswirtschaft ohne Staat mögen sich mit

(1) $Y^s = Y^s(\text{Absatzerwartungen}) = Y$

beschreiben lassen. Die gesamtwirtschaftliche Güternachfrage ist für eine solche Volkswirtschaft definiert als

(2) $Y^d = C + I.$

Wenn die Konsumnachfrage der Funktion

(3) $C = 300 + 0{,}8 \cdot Y$

gehorcht, und über die Investitionsnachfrage die Information

(4) $I = 700 - 2.000 \cdot i$

vorliegt, dann gilt für das theoretische Fundament der gesamtwirtschaftlichen Nachfrage

(5) $Y^d = 300 + 0{,}8 \cdot Y + 700 - 2.000 \cdot i.$

Das Gleichgewicht auf dem Güter- und Realkapitalmarkt erfordert

(6) $Y^s = Y^d \quad \Leftrightarrow$

$Y = 300 + 0{,}8 \cdot Y + 700 - 2.000 \cdot i \quad \Leftrightarrow$

$i = 0{,}5 - 0{,}0001 \cdot Y,$

mit der die I/S-Kurve beschrieben ist.

Sofern die marginale Konsumneigung c_y zunimmt, z. B. von $c_y = 0{,}8$ auf $c_y = 0{,}9$, variiert Gleichung (3) zu

(3a) $C = 300 + 0{,}9 \cdot Y.$

Für das Gleichgewicht auf dem Güter- und Realkapitalmarkt bedeutet dies

(6a) $Y^s = Y^d \quad \Leftrightarrow$

$Y = 300 + 0{,}9 \cdot Y + 700 - 2.000 \cdot i \quad \Leftrightarrow$

$i = 0{,}5 - 0{,}00005 \cdot Y,$

mithin eine flacher verlaufende I/S-Kurve.

Würde sich statt dessen der autonome Teil der Konsumnachfrage verändern, z. B. von $C^a = 300$ auf $C^a = 500$, so wäre Gleichung (3) als

(3b) $C = 500 + 0{,}8 \cdot Y$

zu formulieren. Für das Gleichgewicht auf dem Güter- und Realkapitalmarkt resultierte daraus

(6b) $Y^s = Y^d \quad \Leftrightarrow$

$Y = 500 + 0{,}8 \cdot Y + 700 - 2.000 \cdot i \quad \Leftrightarrow$

$$i \;= 0{,}6 - 0{,}0001 \cdot Y,$$

also eine I/S-Kurve, deren Lage im i/Y-Diagramm weiter rechts angesiedelt ist.

Die vergleichbaren Schlußfolgerungen herzuleiten, wenn nicht die Konsum- sondern die Investitionsnachfrage gändert würde, sei dem geneigten Leser überlassen.

3.2.2 Der Geldmarkt

Es ist zweckmäßig, auch der keynesianischen Analyse des Geldmarktes zunächst einige kurze Überlegungen zur Bedeutung und Definition des Geldes voranzustellen. Denn anders als die (Neo-)Klassiker, bei denen die realwirtschaftliche Orientierung im Vordergrund stand (steht), richten Keynesianer ihr Interesse nicht zuletzt auf den Tatbestand, daß moderne Volkswirtschaften vor allem Geldwirtschaften sind - und das hat Konsequenzen auch für die Antwort auf die Frage, was unter Geld zu verstehen und folglich ihm zuzurechnen ist. Ausgangspunkt ist dabei üblicherweise die Feststellung, daß Geld im Wirtschaftsleben bestimmte Funktionen erfüllt und deshalb all jene finanziellen Aktiva zum Geld gerechnet werden müssen, die diesen Funktionen gerecht werden.

Die wohl wichtigste Funktion des Geldes ist die, als Recheneinheit und allgemeines Zahlungsmittel zu fungieren. Eine derartige Feststellung überrascht nicht. Sie ist uns bereits aus der Diskussion um den (neo-)klassischen Geldmarkt bekannt. Danach findet Geld im Wirtschaftsleben primär deshalb Verwendung, weil es mit ihm möglich wird, die Informations- und Transaktionskosten beträchtlich zu senken, die alle ökonomischen Aktivitäten begleiten.

Die Funktionsfähigkeit des Geldes als Recheneinheit und Zahlungsmittel ist dauerhaft aber nur gewährleistet, wenn es im Zeitablauf relativ wertstabil bleibt. Ansonsten sind Wertvergleiche über die Zeit hinweg wenig sinnvoll. Geld eröffnet - so gesehen - auch die Möglichkeit, Tauschakte in die Zukunft zu verlagern. Es repräsentiert Kaufkraft, die für gegenwärtige oder zukünftige Güter verwendet werden kann. Das macht auf eine weitere Funktion aufmerksam, die bisher unberücksichtigt blieb: die Funktion der Wertaufbewahrung.

Die Eigenschaft, Vermögenswerte in die Zukunft verlagern zu können, teilt Geld allerdings mit einer Reihe weiterer finanzieller Aktiva, als da etwa sind Wertpapierforderungen oder längerfristige Bankeinlagen. Im Vergleich zum Geld sind diese Vermögensalternativen meist ertragbringend, aber von einem geringeren Liquiditätsgrad. Sie können im allgemeinen nicht jederzeit direkt gegen Güter und Leistungen eingetauscht werden.

Sofern man im Geld ein Medium sieht, das als Recheneinheit und Zahlungsmittel Verwendung findet und gleichzeitig auch die Funktion eines Wertaufbewahrungsmittels erfüllt, erwächst daraus die Schwierigkeit, daß keine eindeutige Abgrenzung zwischen Geld und anderen Finanzaktiva mehr möglich ist. Die Geldmenge wird auf diese Weise zu einer nicht exakt quantifizierbaren Größe.

Sichtbarer Ausdruck für das Dilemma ist die Konkurrenz unterschiedlicher Geldmengendefinitionen. Weitgehend unstrittig gilt z. B. die Geldmenge

$$M_1 = \text{Bargeldumlauf} + \text{Sichteinlagen der Nichtbanken}$$

als jenes Volumen, das zu Zahlungszwecken zur Verfügung steht. Es handelt sich um die international am häufigsten verwendete Geldmengendefinition. Zählt man auch Termineinlagen, also Depositen mit einer vereinbarten Festlegungs- bzw. Kündigungsfrist von z. B. bis zu vier Jahren, zum Geld, da sie nach allgemeiner Auffassung relativ schnell mobilisiert werden können, so gelangt man zu Geldmenge

$$M_2 = M_1 + \text{Termineinlagen}.$$

Die Funktion eines Wertaufbewahrungsmittels erfüllen aber sicher auch Spareinlagen, Bankschuldverschreibungen und andere Vermögensarten. Sie lassen sich im Einzelfall ebenfalls leicht mobilisieren, so daß letztlich offen bleiben muß, was alles zum Geld gezählt werden sollte. Für die Deutsche Bundesbank etwa gilt seit 1988 die um die Spareinlagen mit dreimonatiger Kündigungsfrist erweiterte Geldmenge M_2, also

$$M_3 = M_2 + \text{Spareinlagen},$$

als die wichtigste geldpolitische Orientierungsgröße. Wir wollen das Thema an dieser Stelle nicht vertiefen, sondern lediglich darauf hinweisen, daß in allen Geldmengenaggregaten zwei unterschiedliche Geldarten enthalten sind, nämlich das Bargeld einerseits und das Buch- bzw. Giralgeld andererseits.

Die erste Geldart stellt eine Verbindlichkeit der Zentralbank dar und wird deshalb auch „Zentralbankgeld“ genannt. Die Notenbank ist der alleinige Emittent von Zentralbankgeld. Es besteht nicht nur aus dem Bargeldumlauf sondern ebenso aus den Bargeldbeständen der Geschäftsbanken sowie den Einlagen der Geschäftsbanken und der Nichtbanken bei der Zentralbank.

Die zweite Geldart stellt eine Verbindlichkeit der Geschäftsbanken dar. Man bezeichnet sie deshalb auch als „Geschäftsbankengeld“. Buch- bzw. Giralgeld entsteht aus den Aktiv- und Passivgeschäften der Kreditinstitute. Sie sind also in der Lage, das Geldangebot zu beeinflussen. Für uns bedeutet dies, daß wir a priori nicht mehr unterstellen können, daß die vorhandene Geldmenge in einer Volkswirtschaft eine gegebene Größe ist.

3.2.2.1 Geldangebot und Geldschöpfungsprozeß

Die angebotene Geldmenge und ihre Veränderung sind das Ergebnis von Transaktionen, die zwischen Banken (Zentralbank, Geschäftsbanken) und Nichtbanken (private Haushalte, Unternehmen) stattfinden. Transaktionen zwischen privaten

Haushalten und Unternehmen beeinflussen demgegenüber die Geldmenge im allgemeinen nicht, sondern führen nur zu einer geänderten Struktur der Kassenhaltung.

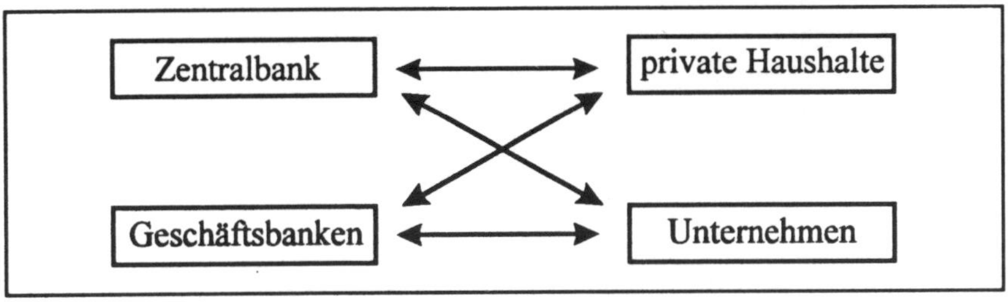

Abb. 3/31

Die quantitativ bedeutsamste Quelle der Geldschöpfung und -vernichtung sind Aktivgeschäfte. Es handelt sich um Transaktionen, die auf der Aktivseite von Bankbilanzen ihren Niederschlag finden. Erwirbt z. B. die Zentralbank Devisen, Wertpapiere oder sonstige Aktiva von Unternehmen, und begleicht sie diesen Erwerb mit Zentralbankgeld, so erhöht sie die Geldmenge. Und eine Geldvernichtung ist mit einer gegenteiligen Transaktion verbunden.

Für Geschäfte zwischen Kreditinstituten und Nichtbanken gilt Vergleichbares. Auch in diesen Fällen führt der Erwerb (Verkauf) eines Aktivums durch die Kreditinstitute zu einem Anstieg (einer Verringerung) des Geldvolumens, sofern dabei Zentralbankgeld und/oder Geschäftsbankengeld als Gegenleistung im Spiel ist.

Verallgemeinert man diesen Sachverhalt, so bleibt zunächst festzuhalten, daß die Aktivseite einer zusammenfassenden Bilanz des Bankensystems über die Wege der Geldentstehung informiert. Der Kreditgewährung kommt dabei eine überragende Bedeutung zu. Mit ihr räumen Banken ihren Kunden ein Verfügungsrecht über ein Depositum ein. Grundsätzlich ist dies unbegrenzt möglich, und insoweit könnte die Geldmenge auch unbegrenzt ausgeweitet werden.

Dies gilt jedenfalls uneingeschränkt für die Zentralbank, die infolge des ihr verliehenen Notenemissionrechts in der Lage ist, nach eigenem Ermessen das Geldangebot zu erhöhen. Gilt die Feststellung aber auch für die Kreditinstitute?

Im Prinzip schon; tatsächlich aber sehen sich die Geschäftsbanken genötigt, im Zuge der Kreditgewährung Zahlungen zumindest teilweise auch in Form von Zentralbankgeld leisten zu müssen. Und diese Geldart ist ihnen vorgegeben. Das heißt, daß die Kreditinstitute für eine Ausweitung ihrer Geschäftstätigkeit auf die Versorgung mit einer Geldart angewiesen sind, die zu schaffen sich ihrer Einflußnahme entzieht.

Zahlungen mittels Zentralbankgeld werden von den Geschäftsbanken aus zwei Gründen verlangt. Zum einen zeigt die Erfahrung, daß Nichtbanken einen Teil des ihnen gewährten Kreditbetrages immer auch als Bargeld in Anspruch nehmen.

Kreditinstitute müssen insoweit damit rechnen, Barzahlungen leisten zu müssen. Zum anderen sind sie gehalten, ihrer Mindestreservepflicht nachzukommen. Sie besteht in der Auflage, einen bestimmten Teil der Bankeinlagen als unverzinsliche Mindestreserve bei der Zentralbank zu hinterlegen. Sobald also im Zug der Kreditgewährung Depositen entstehen, erwächst daraus eine erhöhte Mindestreservepflicht, die Zentralbankgeld bindet. Insgesamt folgt daraus, daß Geschäftsbanken nur so lange in der Lage sind, Kredite zu vergeben und folglich Geld zu schaffen, wie ihnen noch Zentralbankgeld zur Verfügung steht, über das im Bedarfsfall frei disponiert werden kann. Mit dem nachstehenden Beispiel mag dies deutlich werden.

Es sei KR das Kredit- und D das Depositenvolumen. MR stehe für die Mindestreserve und ÜR für das über die Mindestreserve hinaus bei den Kreditinstituten vorhandene, frei verfügbare Zentralbankgeld. Zwischen D und MR besteht die Beziehung $MR = e \cdot D$, mit e (hier: $e = 0{,}2$) als dem durchschnittlichen Reservesatz. Wenn darüber hinaus mit BG der Bargeldumlauf gekennzeichnet wird, dann ist mit $b = BG/KR$ die Barabzugsquote (hier: $b = 0{,}25$) definiert, welche die Zahlungsgewohnheiten der Nichtbanken beschreibt.

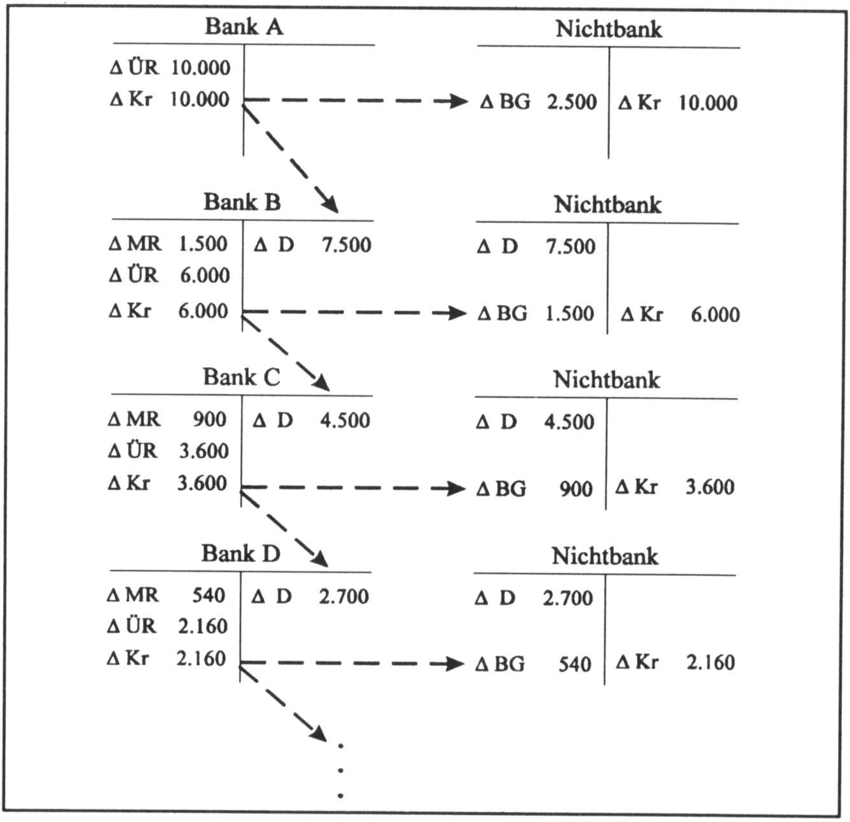

Abb. 3/32

Zu Beginn habe Bank A der Zentralbank Wertpapiere verkauft und sich damit in den Besitz von Zentralbankgeld in Höhe von 10.000 Geldeinheiten gebracht, die als ÜR gehalten werden. Auf dieser Grundlage ist eine Kreditvergabe an einen Bankkunden möglich, der über den Kreditbetrag annahmegemäß sofort verfüge und zwar derart, daß 25 % Bargeld gewünscht und der Rest zur Begleichung einer Rechnung an einen Kunden der Bank B überwiesen werden. In den Bilanzen der beteiligten Wirtschaftssubjekte finden sich diese Aktivitäten wie folgt wieder: Die Kreditvergabe der Bank A erhöht deren Aktiva. Die Gegenposition ist als entsprechende Verbindlichkeit des Kreditnehmers auf der Passivseite seiner Bilanz zu sehen. Gleichzeitig steigt der Bargeldumlauf in Höhe von BG = 2.500 Geldeinheiten (Aktiva des Bankkunden), und die Depositen bei der Bank B nehmen um ΔD = 7.500 Geldeinheiten zu. Als Konsequenz daraus entsteht eine zusätzliche Mindestreservepflicht der Bank B im Umfang von ΔMR = 1.500 Geldeinheiten, so daß ihr 6.000 Geldeinheiten als ÜR verbleiben.

Da die Bank B wenig Interesse daran haben dürfte, freiwillig unverzinsliche Überschüsse zu halten, wird sie eine Kreditvergabe erwägen, die maximal in Höhe von ΔÜR = 6.000 Geldeinheiten möglich ist. Diese Kreditlinie erhöht dann die Aktiva der Bank B sowie die Passiva des kreditnehmenden Bankkunden. Zudem wird der Bargeldumlauf um ΔBG = 1.500 Geldeinheiten zunehmen, und die Einlagen bei der Bank C werden in Höhe von ΔD = 4.500 Geldeinheiten steigen, sofern man wieder eine Überweisung an einen Kunden der Bank C unterstellt. Damit aber entsteht erneut eine Mindestreservepflicht, nunmehr im Umfang von $\Delta MR = e \cdot \Delta D = 0{,}2 \cdot 4.500 = 900$ Geldeinheiten bei der Bank C. Im Ergebnis verbleibt der Bank C ein Volumen an frei verfügbarem Zentralbankgeld in Höhe von ΔÜR = 3.600 Geldeinheiten, die wiederum als Kreditbetrag vergeben werden können usw..

Mit dieser kurzen Skizze sollte hinreichend deutlich geworden sein, daß die im Bankensystem ursprünglich vorhanden Überschußreserve ÜR im Laufe eines Anpassungsprozesses allmählich abschmilzt. Die Kreditvergabe und damit die Geldschöpfung wird versiegen, sobald die Überschußreserve „verbraucht", also zu Mindestreserve und/oder Bargeldumlauf geworden ist. Mathematisch formuliert bedeutet dies:

(1) $\Delta BG + \Delta MR = \Delta \ddot{U}R.$

Da wir im Hinblick auf die Mindestreserve MR früher die Feststellung $MR = e \cdot D$ getroffen haben, und da, wie aus dem Beispiel hervorgeht, die Beziehung $D = KR - BG$ gilt, läßt sich (1) auch als

(2) $\Delta BG + e \cdot (\Delta KR - \Delta BG) = \Delta \ddot{U}R$ bzw.

$\Delta BG - e \cdot \Delta BG + e\,\Delta KR = \Delta \ddot{U}R$ oder

$(1-e) \cdot \Delta BG + e \cdot \Delta KR = \Delta \ddot{U}R$

formulieren. Die Barabzugsquote hatten wir mit b = BG/KR definiert, so daß auch BG = b·KR gültig ist. Berücksichtigt man dies in (2), dann folgt daraus

(3) $(1-e)\cdot b\cdot \Delta KR + e\cdot \Delta KR = \Delta ÜR$ bzw.

$(b-b\cdot e)\cdot \Delta KR + e\cdot \Delta KR = \Delta ÜR$ oder

$\Delta KR\cdot(b-b\cdot e+e) = \Delta ÜR$ und mithin

$\Delta KR = [1/(b-b\cdot e+e)]\cdot \Delta ÜR.$

Diese Relation dokumentiert, daß die Veränderung des Kreditvolumens ΔKR, die aus einer Veränderung der Überschußreserve ΔÜR möglich wird, ein Vielfaches beträgt. Der Ausdruck [1/(b-b·e+e)] wird deshalb auch Kreditschöpfungsmultiplikator genannt. Er kennzeichnet gleichzeitig das Geldschöpfungspotential des Bankensystems bei gegebener Überschußreserve, da im Zuge der Kreditgewährung auch die Geldmenge wächst und zwar im gleichen Umfang wie das Kreditvolumen. Für unsere Zwecke bedeutet dies letztlich, daß wir bei der Analyse des keynesianischen Geldmarktes ebenfalls eine gegebene Geldmenge als Geldangebot unterstellen können, sofern es der Zentralbank möglich ist, das Entstehen von Überschußreserve zu kontrollieren. Unter dieser Voraussetzung gilt dann also nach wie vor: $M^s = \overline{M}$.

3.2.2.2 Geldnachfrage

Die keynesianische Geldnachfrage L, der Wunsch mithin, einen bestimmten Kassenbestand an Bargeld und/oder Buchgeld zu halten kann entweder als Nachfrage nach nominellen oder als Nachfrage nach realen Kassenbeständen aufgefaßt werden. Wegen unserer früher getroffenen Vereinbarung, das Preisniveau zunächst als gegeben zu betrachten, bleibt dieser Unterschied vorerst ohne Bedeutung.

Als erstes erfolgt aus keynesianischer Sicht eine Orientierung auch an der (neo-) klassischen Vorstellung, mit der das Transaktionsmotiv betont wird. Wegen der mangelhaften Synchronisation von Einzahlungen und Auszahlungen ist es danach notwendig, Geld zu Transaktionszwecken nachzufragen. Der Umfang der Kassenhaltung aus diesem Grund hängt vom Niveau des Einkommens sowie von institutionellen Faktoren ab. Das ist nicht neu und uns schon aus dem (neo-)klassischen Kontext bekannt. Demzufolge läßt sich - bei unveränderten Zahlungssitten - die Nachfrage nach Geld aus Transaktionsgründen wie folgt beschreiben:

$$L_T = L_T(Y) = \overline{k}\cdot Y$$

Keynesianer erwähnen darüber hinaus aber auch das Vorsichtsmotiv. Es macht eine Kassenhaltung erforderlich selbst bei perfekter Synchronisation von Einzahlungen und Auszahlungen. Vorsichtskasse wird nämlich wegen unregelmäßiger und daher unvorhersehbaren Zahlungsverpflichtungen gehalten. Solche Erfordernisse erwachsen etwa aus Krankheit, Unfall oder der Wahrnehmung günstiger Kaufgelegenheiten.

Es ist üblich, die Kassenhaltung aus Vorsichtsgründen ebenfalls als abhängig vom Einkommen sowie von institutionellen Faktoren anzusehen. Nimmt man letztere als gegeben, dann folgt daraus formal

$$L_V = L_V(Y) = \bar{k} \cdot Y.$$

Die Geldnachfrage aufgrund des Vorsichtsmotivs ist damit allein durch das Einkommen bestimmt. Insoweit liegt also keine grundsätzlich andere Sichtweise in Bezug auf die Kassenhaltung vor, als sie uns bereits aus (neo-)klassischen Überlegungen bekannt ist. Im allgemeinen wird deshalb auch die Nachfrage nach Vorsichtskasse mit der Nachfrage nach Transaktionskasse zusammengefaßt.

Grundsätzlich neu hingegen ist das dritte Motiv der Geldnachfrage, auf das Keynesianer hinweisen: die Spekulation. Mit ihr wird die Zinsabhängigkeit der Kassenhaltung begründet. Sie rückt die Wertaufbewahrungsfunktion des Geldes und das Unsicherheitsmoment bei ökonomischen Entscheidungen in den Vordergrund, indem sie unterstellt:

$$L_S = L_S(i) \text{ mit } dL_S/di < 0.$$

Zur Einsicht in die Begründung erinnern wir uns zunächst an einige Zusammenhänge, die wir an früherer Stelle bereits erörtert haben, als wir uns mit dem Wertpapiermarkt beschäftigten. Danach besteht zwischen dem Kurs eines Wertpapiers und seiner Rendite - bei gegebener Nominalverzinsung - eine eindeutige, negative Relation. Hohe Kurse haben niedrige Renditen zur Folge und umgekehrt. In Anbetracht dieser Zusammenhänge ist leicht nachvollziehbar, daß ein Wirtschaftssubjekt, das steigende Renditen erwartet, unter Umständen gut beraten ist, Kasse zu halten, indem es Wertpapiere verkauft. Die Erwartung steigender Renditen ist nämlich gleichbedeutend mit der Erwartung sinkender Kurse. Und die Kassenhaltung bietet eine Möglichkeit, Kursverluste zu vermeiden.

Einzelwirtschaftlich gesehen wird das Entscheidungsproblem im folgenden Bild sichtbar:

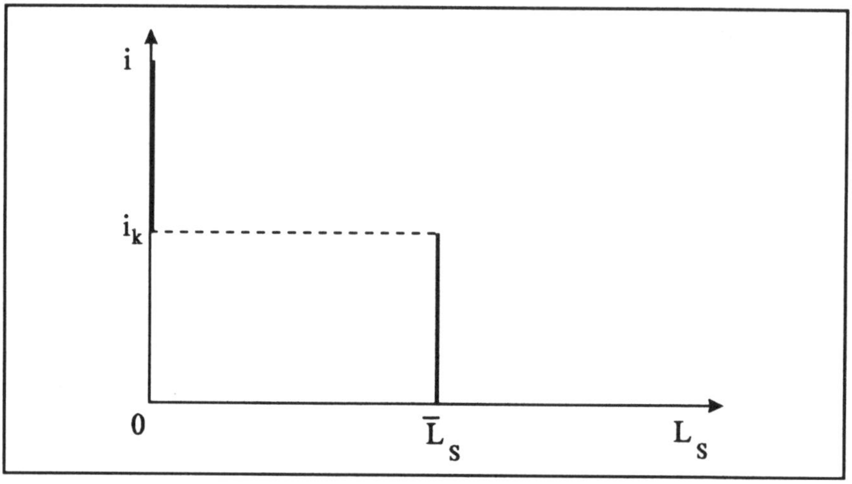

Abb. 3/33

Unterstellt man, daß ein jedes Wirtschaftssubjekt eine genaue Vorstellung von einem normalen Zinsniveau entwickelt, welches sich über die Zeit hinweg als Durchschnittswert herausbilden wird, so ermöglicht ein Vergleich dieses Normalwertes mit dem laufenden Zinssatz die Erwartung steigender bzw. fallender Wertpapierkurse. Sofern Kursverluste drohen, weil der aktuelle Marktzins i niedriger notiert als im Normalfall, wird ein Verkauf von Wertpapieren, also Kassenhaltung, in Erwägung zu ziehen sein.

Gegengerechnet werden muß natürlich noch der Zinsentgang; denn Kassenhaltung verursacht Kosten in Höhe des entgangenen Ertrags der alternativen Anlage. Der kritische Zins i_k definiert den Ausgleich dieser beiden Größen. Bei ihm ist der Gesamtertrag der Wertpapierhaltung Null und ein Wirtschaftssubjekt folglich indifferenz gegenüber der Geld- und Wertpapieralternative. Ein Marktzins i, der über dem Niveau i_k liegt, begründet folglich die Erwartung steigender Kurse bzw. sinkender Zinsen. Der Anlageentscheid fällt unter diesen Umständen - wie Abb. 3/33 deutlich macht - zugunsten der Wertpapierhaltung aus.

Es ist nun plausibel anzunehmen, daß die einzelnen Wirtschaftssubjekte unterschiedliche Vorstellungen über das normale Zinsniveau haben. Wenn dies nicht so wäre, müßte bei Zinsänderungen ein Prozeß abrupter Umschichtungen von Geld in Wertpapiere oder umgekehrt einsetzen. Unterschiedliche Erwartungen führen hingegen zu einem Umschichtungsprozeß, der sukzessiv abläuft und es deshalb gestattet, das Geschehen insgesamt mittels einer stetigen Kurve abzubilden.

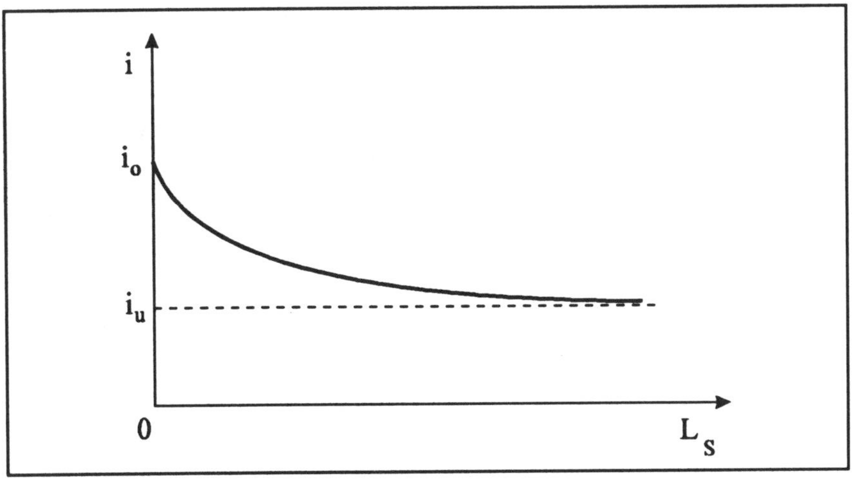

Abb. 3/34

Figur 3/34 beschreibt die grundlegende These, wonach die Geldnachfrage zu spekulativen Zwecken L_S mit steigendem Marktzins sinkt und umgekehrt. Die Kurve markiert gleichzeitig einen oberen und einen unteren Zins i_o bzw. i_u. Bei einem Zinssatz i, der das Niveau i_o übersteigt, wird keine Kasse gehalten. Das Zinsniveau ist in diesem Fall offenbar so hoch, daß jedermann mit einem Kursanstieg auf dem Wertpapiermarkt rechnet - und unter diesen Umständen ist es in der Tat irrational, Geld und nicht Wertpapiere nachzufragen.

Gegenteilig ist die Situation zu deuten, wenn der Marktzins i den Grenzwert i_u erreicht. Nunmehr ist die Liquiditätsneigung vollkommen. Nahezu alle Wirtschaftssubjekte sind hier zu der Überzeugung gelangt, daß das hohe Kursniveau nicht von Dauer sein kann. Sie werden deshalb ihr gesamtes finanzielles Vermögen als Spekulationskasse halten. Diese Situation ist kennzeichnend für die sog. Liquiditätsfalle, der Keynesianer gelegentlich eine gewisse Bedeutung beimessen. Sie läßt Geldpolitik nämlich unwirksam werden, weil zusätzlich angebotenes Geld auch ohne weitere Zinssenkung von den Wirtschaftssubjekten bereitwillig aufgenommen wird.

Abschließend bleibt zu erwähnen, daß die mit der Figur 3/34 abgebildete Geldnachfrage zu spekulativen Zwecken das Geldmarktgeschehen selbstverständlich nur für den Fall gegebener Erwartungen über das zukünftige Zinsniveau charakterisiert. Sollten sich die Erwartungen ändern, ist der Kalkül entsprechend zu modifizieren. Sofern nämlich allgemein angenommen wird, daß die zukünftigen Renditen sich ändern, wird dies auch die L_S-Kurve nicht unberührt lassen. Sie wird sich nach oben verlagern, wenn die Renditeerwartungen steigen, und sie wird sich nach unten verschieben, wenn die Renditeerwartungen sinken. Es ist also strikt zu unterscheiden zwischen einer Änderung der aktuellen Rendite, die zu einer Bewegung auf der

L_S-kurve führt, und einer Änderung der Renditeerwartung, die eine Verschiebung der L_S-Kurve bewirkt.

Wir sind nun in der Lage, die Essenz der Analyse zu den Bestimmungsgründen der Geldnachfrage zusammenzufassen. Subsumiert man das Vorsichts- unter das Transaktionsmotiv, so wird Geld aus keynesianischer Sicht zu Transaktionszwekken L_T und zu Spekulationszwecken L_S nachgefragt. Das erste Motiv ist einkommensabhängig, das zweite zinsabhängig. Es gilt also:

$$L = L_T + L_S = L_T(Y) + L_S(i) \quad \text{oder kurz}$$

$$L = L(Y,i) \qquad \text{mit } \delta L/\delta Y > 0 \text{ und } \delta L/\delta i < 0.$$

Im Rahmen eines i/L-Diagramms wird daraus die Figur 3/35.

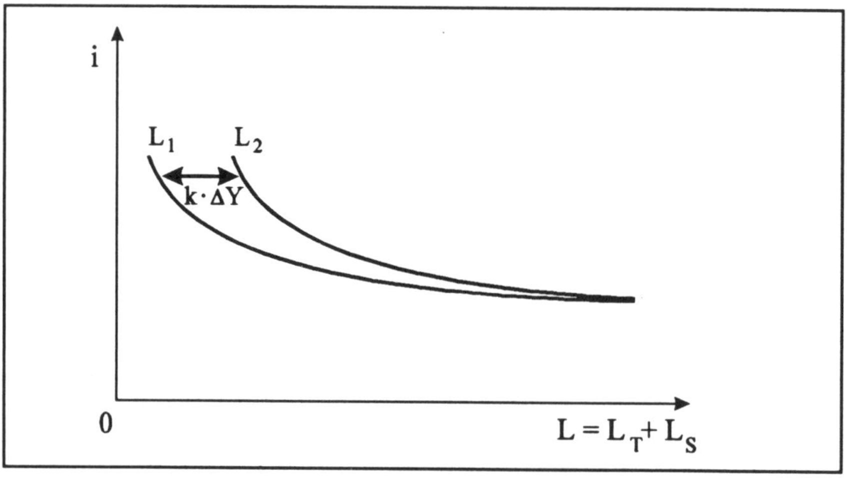

Abb. 3/35

Sie bildet zwei Kurven der Geldnachfrage ab, die für zwei unterschiedliche Einkommensniveaus ($Y_1 < Y_2$) bei gegebenen Renditeerwartungen stehen. Die Kurve L_1 beschreibt die Geldnachfrage beim Einkommen Y_1 und die Kurve L_2 den vergleichbaren Zusammenhang beim Einkommen Y_2.

Wenn das Einkommen steigt, nimmt der Bedarf an Transaktionskasse zu, und zwar um $k \cdot \Delta Y$. Bei jedem Zinssatz wird sich die Geldnachfrage dann um den entsprechenden Betrag erhöhen, so daß sich die Kurve nach rechts verschiebt.

3.2.2.3 Das Marktgleichgewicht

Das Gleichgewicht auf dem keynesianischen Geldmarkt ist gewährleistet, wenn die angebotene Geldmenge M^S der gewünschten Kassenhaltung L entspricht, die aus dem Transaktions- und/oder dem Spekulationsmotiv erwächst. Mathematisch informiert die Gleichgewichtsbedingung über diese Konstellation. Die Angebotsfunktion

(1) $M^S = \overline{M}$

und die Nachfragefunktion

(2) $L = L_T(Y) + L_S(i) = L(Y;i)$

sind zu

(3) $M^S = L \quad \Leftrightarrow$

$\overline{M} = L(Y,i)$

zusammenzufassen. Damit wird deutlich, daß eine Abhängigkeit des Marktgleichgewichts sowohl vom Einkommen Y wie auch vom Marktzins i besteht. Das Einkommen aber wird auf dem Güter- bzw. Realkapitalmarkt bestimmt und ist deshalb dem Geldmarkt vorgegeben. Die einzig verbleibende Variable stellt deshalb der Zins dar. Er sorgt nach keynesianischem Verständnis für den Ausgleich auf dem Geldmarkt.

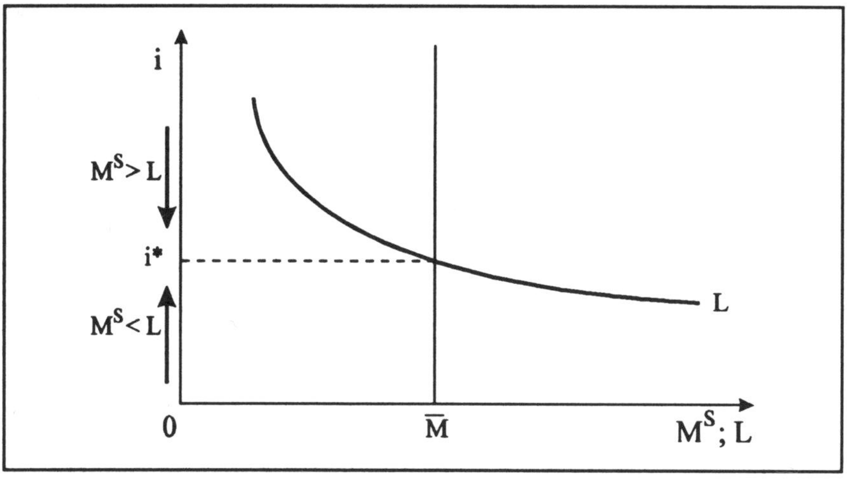

Abb. 3/36

Marktzinsen i, die das Niveau des gleichgewichtigen Zinssatzes i^* übersteigen, werden nicht von Dauer sein. Mit ihnen geht ein Angebotsüberschuß einher. Bei vorgegebenem Einkommen bleibt nämlich die Geldnachfrage zu diesen Marktzinsen hinter dem Geldangebot zurück. Der Liquiditätsüberschuß wird Anlage suchen, die er auf dem Wertpapiermarkt findet. Überschüssige Liquidität aber, welche die Wertpapiernachfrage speist, läßt den Kurs steigen und folglich die Rendite sinken. Und sinkende Marktzinsen führen wegen der daraufhin zunehmenden spekulativen Geldnachfrage letztendlich zum Marktausgleich.

Marktkonstellationen mit Renditen, die geringer als das Gleichgewichtsniveau i^* sind, bereinigen sich auf vergleichbare Weise. Da die Geldnachfrage zu Transaktionszwecken annahmegemäß gegeben ist, liegt bei niedrigen Marktzinsen ($i < i^*$) ein Liquiditätsengpaß vor. Er wird durch Wertpapierverkäufe behoben, die das Kursniveau fallen und die Rendite steigen lassen, bis ein Gleichgewicht zustandegekommen ist. Insgesamt wird mit diesen Überlegungen deutlich, daß die jeweilige Konstellation auf dem Geldmarkt ihre Entsprechung in einer spiegelbildlichen Situation auf dem Wertpapiermarkt findet.

Nun hatten wir früher darauf hingewiesen, daß nach keynesianischem Verständnis das Einkommen keineswegs eine feste Größe sein wird. Es stellt sich deshalb nunmehr die Frage, welche Konsequenzen aus unterschiedlichen Einkommensniveaus für das Geschehen auf dem Geldmarkt folgen. Die Antwort wollen wir suchen, indem wir uns an der Figur 3/37 orientieren.

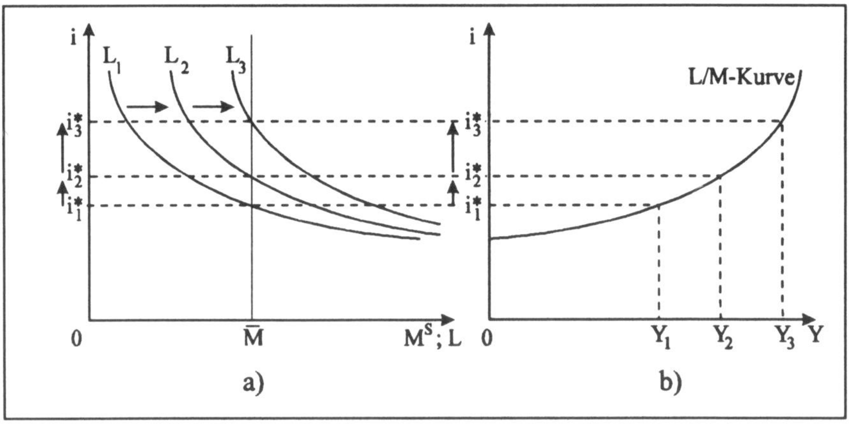

Abb. 3/37

Die Geldnachfragekurve L_1 korrespondiert mit dem Einkommen Y_1. Das zugehörige Geldmarktgleichgewicht wird - bei gegebenem Geldangebot $\overline{M}$ - durch den Zins i^*_1 sichergestellt. Sofern nun das Einkommen steigt, etwa von Y_1 auf Y_2, folgt daraus ein erhöhter Bedarf an Transaktionskasse. Dies bedingt, wie wir früher sahen, daß sich die Geldnachfragekurve nach rechts verlagert. Der zunächst bestehende Liquiditätsengpaß, hervorgerufen durch den zunehmenden Bedarf an

Transaktionskasse, wird behoben, indem die Wirtschaftssubjekte Wertpapiere verkaufen. Ein Rückgang der Kurse ist die Folge mit dem Ergebnis, daß der Marktzins steigt. Mit dem Niveau i^*_2 erreicht er schließlich seinen neuen gleichgewichtigen Wert, der den Geldmarktausgleich garantiert. Sollte das Einkommen nochmals zunehmen, nun z. B. auf Y_3, wird die gleiche Konsequenz zu erwarten sein. Der neue gleichgewichtige Zins ist unter diesen Umständen mit dem Wert i^*_3 gegeben.

Ein Resümè dieses Gedankenexperiments, abgebildet in der Figur 3/37 b), ordnet jedem Einkommenswert den korrespondierenden gleichgewichtigen Marktzins zu. Auf diese Weise entsteht die L/M-Kurve, die sämtliche i/Y-Kombinationen abbildet, welche ein Gleichgewicht auf dem Geldmarkt repräsentieren. In ein gesondertes Diagramm übertragen und stilisiert gezeichnet, wird daraus das folgende Bild.

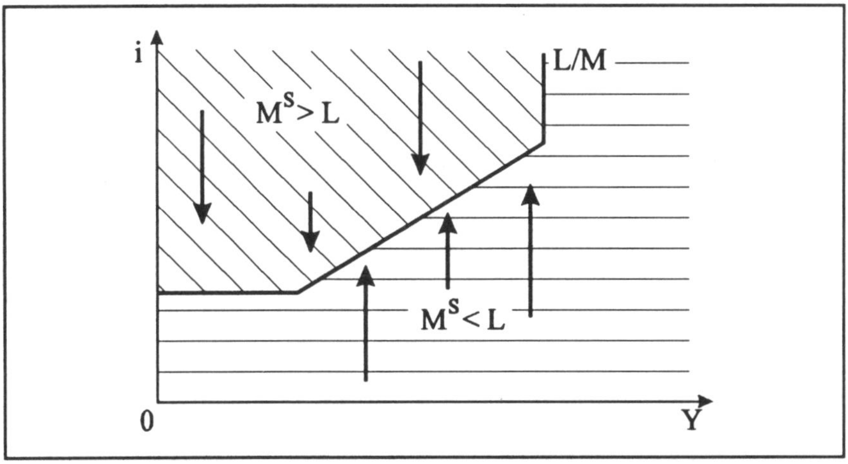

Abb. 3/38

i/Y-Kombinationen oberhalb der L/M-Kurve charakterisieren Marktkonstellationen, die einen Angebotsüberschuß bedeuten. Bei gegebenem Einkommen ist nämlich das Zinsniveau zu hoch, um ein Geldmarktgleichgewicht zu gewährleisten. Wie wir an früherer Stelle gezeigt haben, ist unter diesen Umständen damit zu rechnen, daß die Renditen sinken. Im Zuge der Anpassung wird die Geldnachfrage aus Spekulationsgründen dann so lange zunehmen, bis der Marktausgleich erreicht ist.

i/Y-Kombinationen unterhalb der L/M-Kurve stehen für Liquiditätsengpässe. Infolge der niedrigen Marktzinsen wird es zu Wertpapierverkäufen kommen, um Spekulationskasse zu halten. Dies aber läßt die Kurse fallen und damit die Renditen steigen. Letztlich wird somit auch diese Ausgangslage über eine Zinserhöhung in eine Gleichgewichtskonstellation transformiert.

Im Bereich niedriger Werte von Einkommen und Zinssätzen verläuft die L/M-Kurve parallel zur Einkommensachse. Ein Geldmarktgleichgewicht ist hier trotz unterschiedlicher Einkommensniveaus bei unverändertem Marktzins existent. Die Erklärung findet sich in der bereits früher erwähnten Liquiditätsfalle. Der Marktzins hat den unteren Grenzwert i_u erreicht. Offenbar ist das Zinsniveau dann derart niedrig, daß allgemein ein Verfall der Wertpapierkurse erwartet wird. Eine Einkommenssteigerung kann unter diesen Umständen stattfinden, ohne daß die Spekulationskasse über einen steigenden Marktzins verringert werden muß. Da die Liquiditätsfalle für das keynesianische Räsonnement gelegentlich von Bedeutung ist, wird dieser Bereich der L/M-Kurve manchmal auch der Keynes-Bereich genannt.

Für hohe Werte von Einkommen und Zinssätzen verläuft die L/M-Kurve parallel zur Zinsachse. Diese Eigenschaft ist die Konsequenz aus dem Sachverhalt, daß der Marktzins den oberen Schwellenwert i_o erreicht oder gar überschritten hat. Nahezu jedermann wird dann mit einem Kursanstieg auf dem Wertpapiermarkt rechnen. Vernünftigerweise wird für diesen Fall die Spekulationskasse leer sein, oder anders gewendet: Geld wird nur zu Transaktionszwecken gehalten. Da ein solcher Tatbestand der klassischen Vorstellung entspricht, wird dieser Bereich der L/M-Kurve manchmal auch der klassische Bereich geheißen.

Sieht man im Keynes-Bereich einerseits und im klassischen Bereich andererseits lediglich Grenzfälle, die normalerweise wenig Bedeutung haben - und davon wollen wir für die weiteren Überlegungen zunächst ausgehen -, so verläuft die L/M-Kurve mit positiver Steigung. Diese ist abhängig von der Einkommens- und Zinsreagibilität der Geldnachfrage. Anhand der Abb. 3/37 läßt sich z. B. leicht nachvollziehen, daß die L/M-Kurve um so steiler verläuft, je empfindlicher die Geldnachfrage auf Einkommensänderungen reagiert.

Eine Zunahme des Einkommens führt im Bild 3/37 a) zu einer Verschiebung der Geldnachfragekurve L nach rechts. Das Ausmaß der Verschiebung ist durch den Kassenhaltungsparameter k festgelegt, nach dem sich der Umfang der Transaktionskasse bemißt. Fällt k hoch aus, kommt es also infolge einer Zunahme des Einkommens zu einer deutlichen Verschiebung der Geldnachfragekurve nach rechts, so wird sich dies in einer steil verlaufenden L/M-Kurve niederschlagen.

Vergleichbares gilt im Hinblick auf die Zinsempfindlichkeit der Geldnachfrage. Ist sie hoch, so wird die L/M-Kurve flach verlaufen. Eine hohe Zinsempfindlichkeit der Geldnachfrage L macht sich in der Steigung der entsprechenden Kurve bemerkbar; sie ist dann wenig ausgeprägt. Sofern die Geldnachfragekurven aber eine nur geringe Steigung aufweisen, führt dies unter sonst gleichen Bedingungen auch zu einer L/M-Kurve mit nur geringer Steigung.

Die Lage der L/M-Kurve im i/Y-Diagramm wird durch das Geldangebot und die Erwartungen über die zukünftige Rendite determiniert. Zur Begründung ist auch in diesem Fall eine Orientierung an der Figur 3/37 nützlich. Eine Erhöhung des Geldangebots ist z. B. gleichbedeutend mit einer Rechtsverschiebung der Geldangebotsfunktion $\overline{M}$. Wie unmittelbar deutlich wird, führt dies dazu, daß gegebene Einkommenssteigerungen nunmehr jeweils mit niedrigeren Marktzinsen einhergehen, die das Geldmarktgleichgewicht gewährleisten. Insgesamt folgt daraus, daß die entsprechende L/M-Kurve weiter rechts angesiedelt sein muß.

Ähnlich verhält es sich mit einer Korrektur der Erwartungen über die zukünftige Rendite. Sofern z. B. das Risiko eines Wertpapierengagements steigt, allgemein also mit zukünftigen Kursverlusten und folglich Zinserhöhungen gerechnet wird, läßt dies die Geldnachfrage nicht unberührt. Die Liquiditätsvorliebe wird zunehmen, was in graphischer Hinsicht nichts anderes bedeutet, als daß die Geldnachfragekurve L in Abb. 3/37 nach oben wandert, ohne daß eine Zunahme des Einkommens dafür ursächlich ist. Die L/M-Kurve wird sich daraufhin ebenfalls nach oben verschieben. Die Änderung der Liquiditätspräferenz bedeutet nämlich, daß die Wertpapiernachfrage sinkt. Und deshalb ist - bei unverändertem Geldangebot und gleichbleibendem Einkommen - ein Zinsanstieg die Folge.

Insgesamt kann somit festgehalten werden:

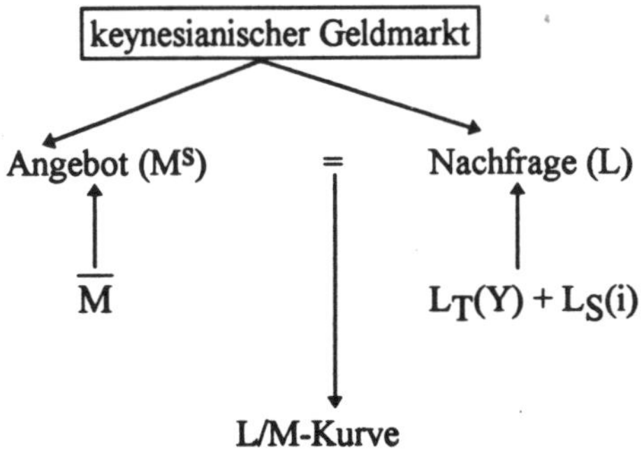

Ein Rechenbeispiel:

Das Geldangebot in einer geschlossenen Volkswirtschaft ohne Staat sei mit

(1) $M^S = 3.250$

gegeben. Die Geldnachfrage zu Transaktionszwecken gehorche der Funktion

(2) $L_T = 0{,}2 \cdot Y$

und jene zu Spekulationszwecken der Funktion

(3) $L_S = 2.500 - 500 \cdot i.$

Die Geldnachfrage insgesamt kann somit als

(4) $L = L_T + L_S = 0{,}2 \cdot Y + 2.500 - 500 \cdot i$

beschrieben werden. Ein gleichgewichtiger Geldmarkt verlangt

(5) M^S = L <=>

3.250 = 0,2·Y + 2.500 - 500·i <=>

i = 0,0004·Y - 1,5.

Mit (5) ist die L/M-Kurve beschrieben.

Sofern die Geldmenge steigt, z. B. um 1.250 Einheiten, ist Gleichung (1) zu modifizieren zu

(1a) M^S = 4.500.

Für das Geldmarktgleichgewicht bedeutet dies

(5a) M^S = L <=>

4.500 = 0,2·Y + 2.500 - 500·i <=>

i = 0,0004·Y - 4,

womit deutlich wird, daß die L/M-Kurve im i/Y-Diagramm nach rechts rückt.

Eine Erhöhung des Kassenhaltungsparameters um 50 % würde sich in der Gleichung (2) niederschlagen. Sie müßte zu

(2b) L_T = 0,3·Y

umformuliert werden. Für das Geldmarktgleichgewicht würde daraus

(5b) M^S = L <=>

3.250 = 0,3·Y + 2.500 - 500·i <=>

i = 0,0006·Y - 1,5

folgen, also eine L/M-Funktion mit größerer Steigung.

Ähnliche Schlußfolgerungen herzuleiten, wenn nicht die Geldmenge bzw. der Kassenhaltungsparameter, sondern die Liquiditätspräferenz geändert würde, sei dem geneigten Leser überlassen.

3.2.3 Ein vorläufiges Fazit: Das simultane Gleichgewicht auf dem Güter- bzw. Realkapitalmarkt und dem Geldmarkt

Die Ergebnisse der Analysen des keynesianischen Güter- bzw. Realkapitalmarktes und des Geldmarktes erlauben es, an dieser Stelle ein erstes Fazit zu ziehen. Wir sind in der Lage, der Frage nachzugehen, wie es um die Interdependenz der Märkte bestellt ist und was daraus folgt. Die Antwort findet sich, wenn wir in einem i/Y-Diagramm sowohl die I/S- als auch die L/M-Kurve abbilden.

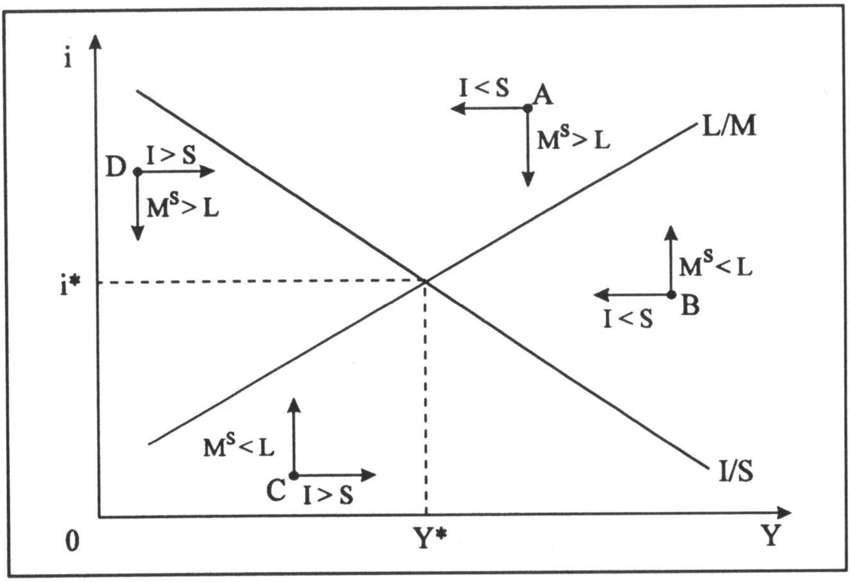

Abb. 3/39

Offensichtlich existiert nur eine i/Y-Kombination, bei der gleichzeitig alle Märkte geräumt sind. Alle sonstigen i/Y-Kombinationen bilden Konstellationen ab, die entweder einen von beiden Märkten oder gar bei Märkte ungleichgewichtig sein lassen.

Wir können die Ungleichgewichts-Konstellationen auch genauer charakterisieren. Punkt A etwa liegt oberhalb der L/M- und rechts von der I/S-Kurve. Er beschreibt also einen Angebotsüberschuß auf dem Geldmarkt und auch auf dem Güter- bzw. Realkapitalmarkt. Früher haben wir deutlich gemacht, daß aus einem Angebotsüberschuß auf dem Güter- bzw. Realkapitalmarkt vermutlich Produktionseinschränkungen folgen. Sie werden das Einkommen verringern, bis das Produktionsvolumen der Nachfrage entspricht und damit ein Punkt auf der I/S-Kurve erreicht ist. Und ein Angebotsüberschuß auf dem Geldmarkt wird die Marktzinsen sinken lassen. Die Zinssenkung wird auch hier zum Stillstand kommen, sobald der Marktausgleich gesichert, mithin ein Punkt auf der L/M-Kurve erreicht ist.

Plausiblerweise wird man dabei davon ausgehen können, daß die Anpassungsprozesse auf dem Geldmarkt schneller ablaufen als jene auf dem Güter- bzw. Realkapitalmarkt, da die Zinsflexibilität besonders ausgeprägt ist.

Es sollte nicht schwer fallen, für die Ausgangspunkte B, C und D in Abb. 3/39 zu ähnlichen Schlußfolgerungen zu gelangen. Die Richtungen der zu erwartenden Anpassungsprozesse sind jeweils durch entsprechende Pfeile gekennzeichnet. Wichtig ist dabei, sich darüber klarzuwerden, daß die Prozesse gleichzeitig ablaufen, sich wegen der Zinsabhängigkeit der Investitionsnachfrage sowie der teilweisen Einkommensabhängigkeit der Geldnachfrage gegenseitig beeinflussen und in letzter Konsequenz eine Räumung sämtlicher Märkte bewirken. Dies gilt jedenfalls so lange, wie nicht zwischenzeitlich die Kurven selbst sich verschieben aus Gründen, auf die wir früher hingewiesen haben.

Ob dieses simultane Gleichgewicht allerdings auch mit einer Räumung des Arbeitsmarktes - also bei Vollbeschäftigung - einhergeht, ist eine Frage, die bisher nicht thematisiert wurde. Sie macht eine Analyse des Arbeitsmarktes aus keynesianischer Sicht notwendig, der wir uns nun zuwenden wollen.

Ein Rechenbeispiel:

Eine Fortführung des Rechenbeispiels aus Kapital 3.2.1.2, dessen Ergebnis die I/S-Funktion

(1) $i = 0{,}5 - 0{,}0001 \cdot Y$

darstellte, und des Rechenbeispiels aus Kap. 3.2.2, aus dem die L/M-Kurve

(2) $i = 0{,}0004 \cdot Y - 1{,}5$

folgte, ermöglicht durch Gleichsetzen von (1) und (2) die Herleitung jener i^*/Y^*-Kombination, die das simultane Gleichgewicht auf den keynesianischen Märkten für Geld und Güter- bzw. Realkapital gewährleistet.

(3) $0{,}5 - 0{,}0001 \cdot Y = 0{,}0004 \cdot Y - 1{,}5 \quad \Rightarrow$

$0{,}0005 \cdot Y = 2 \quad \Rightarrow$

$Y^* = 4.000.$

Eingesetzt in (1) oder (2) errechnet sich der Zinssatz $i^* = 0{,}1$.

3.2.4 Der Arbeitsmarkt

Die keynesianische Analyse des Arbeitsmarktes steht, soweit sie sich mit den Bestimmungsgründen der Nachfrage nach Arbeitsleistungen beschäftigt, ganz in der Tradition (neo-)klassischen Denkens. Danach kommt dem Reallohn die entscheidende Bedeutung zu: $Bd = B^d(w/p)$ mit $dB^d/d(w/p) < 0$.

Diese Hypothese folgt, wie wir aus früheren Überlegungen wissen, aus den Annahmen einer neoklassischen Produktionsfunktion, der vollkommenen Konkurrenz und des Gewinnmaximierungskalküls. Insoweit sind Keynesianer auch (Neo-)Klassiker.

Anders hingegen, so wird oft behauptet, steht es um die Analyse des Angebotsverhaltens auf dem Arbeitsmarkt. Hier werden nicht selten zwei Unterschiede für wesentlich gehalten. Zum einen wird betont, daß die Angebotsentscheidungen sich nicht am Reallohn, sondern am Geldlohn orientieren. Als Begründung wird dazu auf die institutionelle Ausformung dieses Marktes verwiesen, insbesondere auf die kollektiven Lohnverhandlungen. Und manchmal wir dieser Hinweis gar mit der These der Geldillusion gekoppelt. Danach würden dann höhere Geldlöhne stets als vorteilhaft gelten, und zwar ohne Berücksichtigung der Preisniveauentwicklung.

Zum anderen gilt häufig ein nach unten nicht hinreichend flexibler Geldlohnsatz als charakteristisch für den Arbeitsmarkt. Dafür zeichnen gesetzliche Regelungen über Mindestlöhne verantwortlich oder entsprechende Vereinbarungen, die auch in diesem Fall mit den kollektiven Lohnverhandlungen in Verbindung gebracht werden.

Berücksichtigt man beide Argumente bei der Formulierung einer Arbeitsangebotsfunktion, so wir daraus: $B^s = B^s(w)$ mit $dB^s/dw > 0$ für $w > w_{min}$. Graphisch bringt das die Figur 3/40 zum Ausdruck.

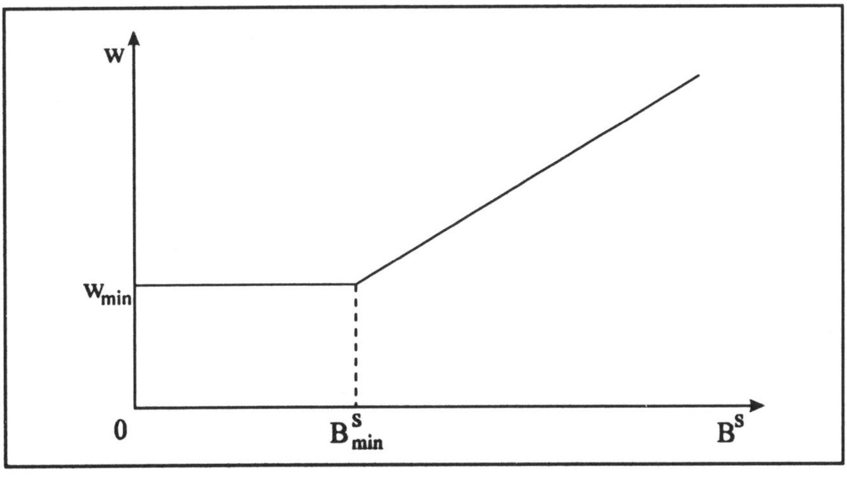

Abb. 3/40

B^s_{min} bezeichnet darin jenes Beschäftigungsvolumen, das zum Mindestlohn w_{min} auf dem Arbeitsmarkt als Angebot erscheint.

Da wir nach wie vor von einem gegebenem Preisniveau ausgehen, ist die Konsequenz der bisherigen Analyse leicht darstellbar. Wegen des gegebenen Preisniveaus kann die reallohnabhängige Arbeitsnachfrage nämlich in eine nominallohnabhängige Funktion überführt werden. Graphisch folgt daraus dann etwa die Figur 3/41.

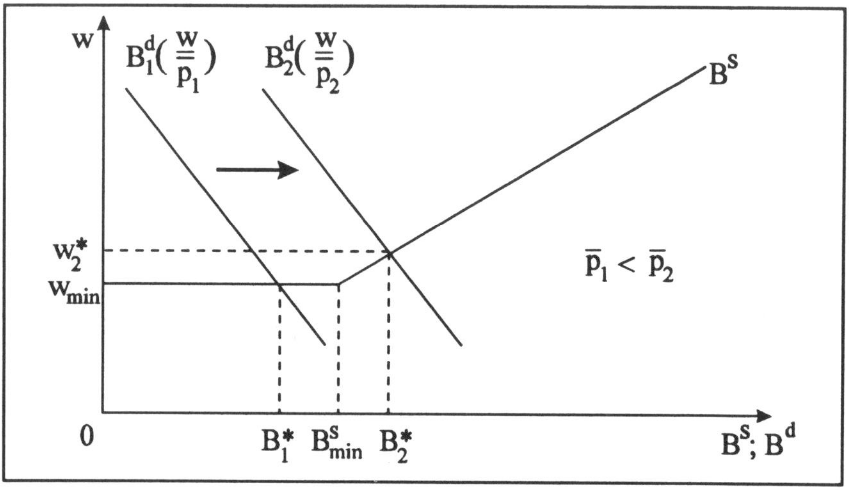

Abb. 3/41

Für das Preisnivau $\bar{p}_1$ möge die Nachfragekurve $B^d{}_1(w/\bar{p}_1)$ Gültigkeit besitzen. Sie führt zu dem Beschäftigungsvolumen $B_1{}^*$, das hinter dem zu diesem Geldlohn auf dem Markt feststellbaren Arbeitsangebot $B^s{}_{min}$ zurückbleibt. Arbeitslosigkeit im Umfang von $B^s{}_{min} - B^*{}_1$ ist die Konsequenz.

Unterbeschäftigung ist insoweit bereits erklärbar allein durch den Hinweis auf die Geldlohninflexibilität - ein Resultat, das wenig überrascht. Es wäre auch aus (neo-)klassischer Sicht nicht anders zu erwarten gewesen. Insofern liegt mit dem Hinweis auf die Lohninflexiblilität kein neuer origineller Gedanke vor. Man könnte ihn allenfalls darin sehen, daß unter den bisher getroffenen Annahmen ein mehr an Beschäftigung durch Inflation möglich wird. Ein steigendes Preisniveau läßt nämlich die Kurve der Arbeitsnachfrage nach rechts wandern, weil es eine Reallohnsenkung bewirkt. Zu jedem Geldlohn ist die Nachfrage nach Arbeitsleistungen unter diesen Umständen größer als zuvor.

Ein derartiges Resultat wirft allerdings erneut die Frage auf, ob die Annahme der Geldillusion für die Anbieter von Arbeitsleistungen realistisch ist. Die Erfahrung liefert dafür wenig Bestätigung. Deshalb, und weil auch die Annahme inflexibler

Geldlöhne nicht notwendig ist, um Unterbeschäftigung aus keynesianischer Sicht herzuleiten, sei im folgenden darauf verzichtet. Wir sehen also im keynesianischen Arbeitsmarkt nichts, das es lohnen würde, besonders hervorgehoben zu werden. Die entscheidende Determinante des Arbeitsangebotes ist mithin ebenfalls der Reallohn: $B^s = B^s(w(p)$ mit $dB^s/d(w/p) > 0$. Ein Resümè ergibt folglich:

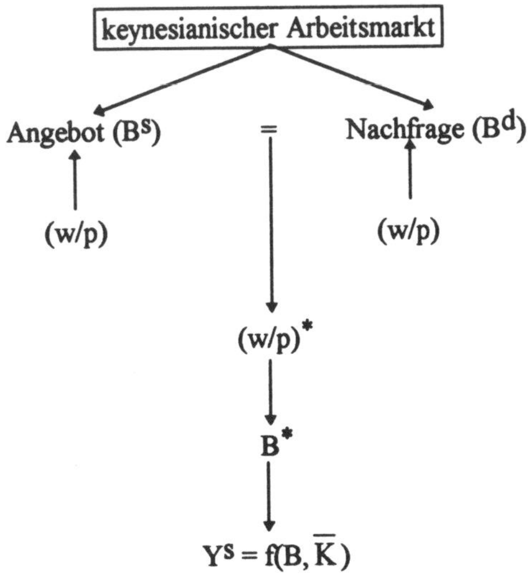

3.2.5 Das Totalmodell

Nach der keynesianischen Analyse der einzelnen makroökonomischen Märkte ist abschließend eine Gesamtschau vonnöten, um Unterschiede und Gemeinsamkeiten gegenüber und mit den Ergebnissen der Untersuchung aus (neo-)klassischer Perspektive sichtbar zu machen. Wir wollen dabei zunächst an der Annahme eines gegebenen Preisniveaus festhalten. Sie wird später aufgegeben.

3.2.5.1 ... bei konstantem Preisnivau

Es empfiehlt sich, das Totalmodell auch in diesem Fall graphisch zu präsentieren. Das liegt nicht nur im Interesse der Vergleichbarkeit nahe, sondern dient auch der instruktiven Einsicht.

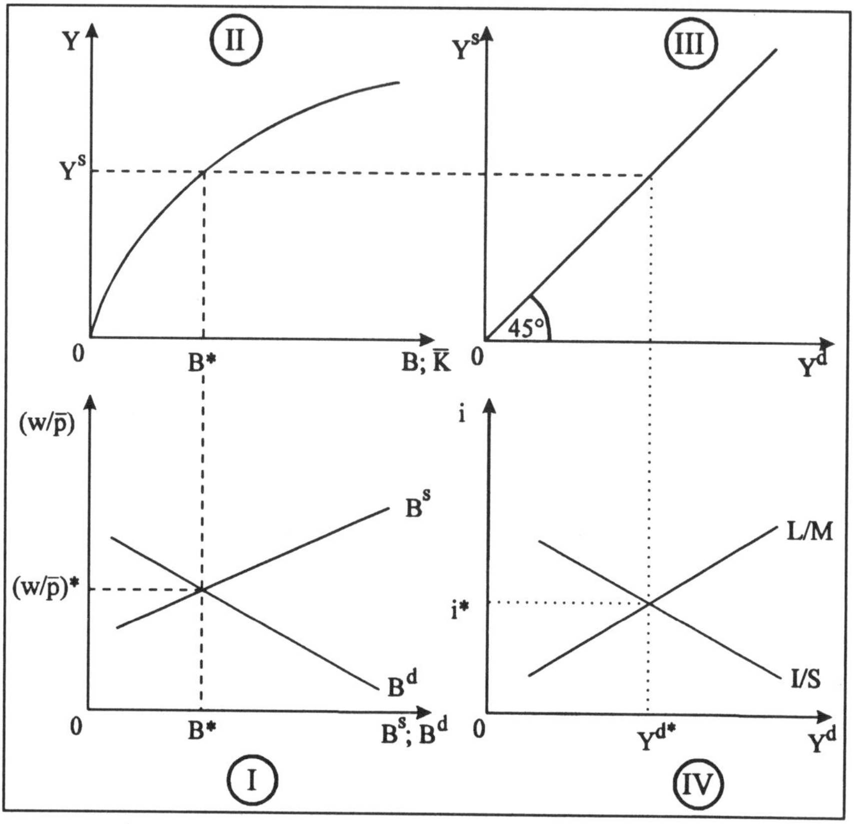

Abb. 3/42

Figur I zeigt den Arbeitsmarkt. Seine wettbewerbliche Organisation zeichnet dafür verantwortlich, daß sich der gleichgewichtige Reallohn herausbildet. Er entspricht wegen des annahmegemäß gegebenen Preisniveaus dem gleichgewichtigen Geldlohn. Der Gleichgewichtslohnsatz garantiert Vollbeschäftigung und legt somit das Beschäftigungsvolumen fest, das im Produktionsprozeß maximal Verwendung findet.

Figur II bildet die neoklassische Produktionsfunktion ab. Sie informiert, verknüpft man sie mit dem vom Arbeitsmarkt vorgegebenem Beschäftigungsvolumen, über das Produktionsniveau und folglich über das Güterangebot, das bei Vollbeschäftigung hervorgebracht wird.

Über die Nachfragebedingungen des makroökonomischen Gütermarktes entscheiden die L/M- und die I/S-Kurve. Das Zusammenspiel von Realkapital- und Geldmarkt findet sich im Bild IV wieder.

Um Mißverständnissen vorzubeugen, sollten wir die I/S-Kurve nun als Ausdruck des Gleichgewichts allein auf dem Realkapitalmarkt deuten. Damit geht zwar stets auch ein Gütermarktgleichgewicht in dem Sinne einher, daß die mit gegebenen Absatzperspektiven korrespondierende Produktion eine entsprechende Nachfrage erwarten kann. Diese Gleichgewichtskonstellation ist jedoch, wie gleich deutlich werden wird, nicht mehr zwingend identisch mit einem Gütermarktgleichgewicht bei Vollbeschäftigung.

Sofern sich aus dem interdependenten Geschehen des Realkapitalmarktes und des Geldmarktes eine i^*/Y^*-Kombination herausbildet, die für eine Absorption des Güterangebots bei Vollbeschäftigung sorgt, liegt ein simultanes makroökonomisches Gesamtgleichgewicht vor. Die Informationen darüber vermittelt der Quadrant III, in dem auf den Achsen die Niveaus von Güterangebot und Güternachfrage abgetragen sind. Die 45°-Linie hat allein nachrichtlichen Charakter. Sie läßt erkennen, ob die Achsenabschnitte, die aus den Figuren I und II einerseits sowie aus der Figur IV andererseits resultieren, sich entsprechen oder nicht.

Insgesamt ist also, wie Abb. 3/42 deutlich macht, auch aus keynesianischer Perspektive eine gleichgewichtige Räumung sämtlicher Markte durchaus möglich. Man wird dies allerdings für wenig wahrscheinlich halten müssen, wenn man sich daran erinnert, daß nach keynesianischem Verständnis die Lage der L/M- und jene der I/S-Kurve maßgeblich von Unsicherheitsmomenten bestimmt ist. Die Kurven dürften sich deshalb als wenig stabil erweisen. Und sofern daraus dann z. B. eine i^*/Y^*-Kombination erwächst, die eine Güternachfrage bedeutet, welche hinter dem Güterangebot bei Vollbeschäftigung zurückbleibt, existiert keine simultane Gleichgewichtslösung.

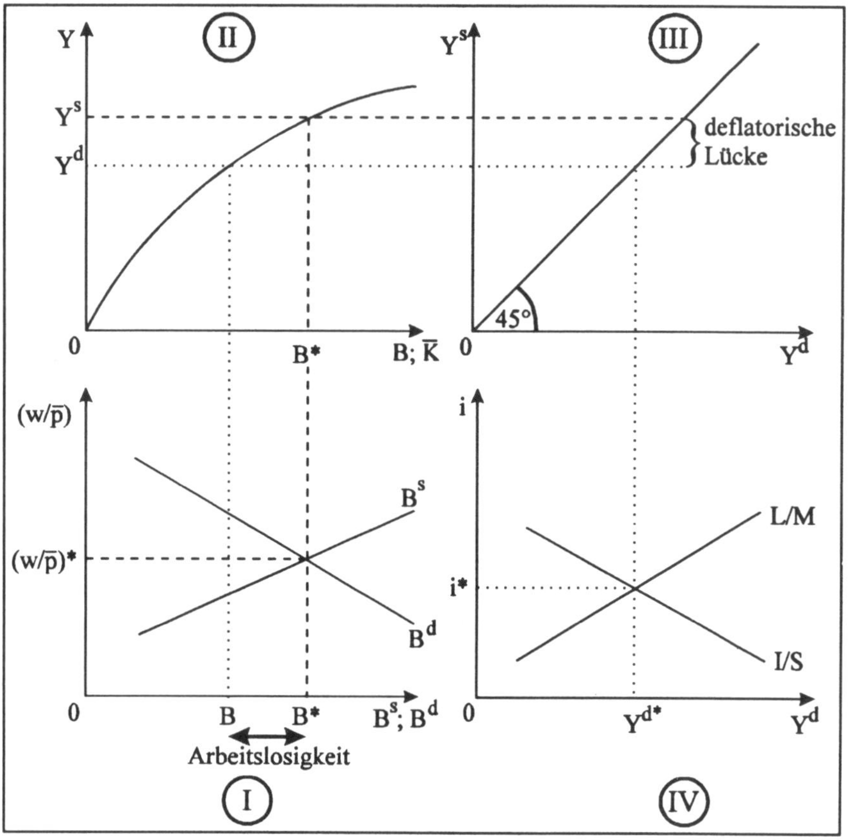

Abb. 3/43

Das Zusammenspiel von Realkapital- und Geldmarkt führt unter diesen Umständen - wie aus Figur IV ersichtlich ist - zu einem nachfragewirksamen Einkommen in Höhe von Y^{d*}. Dieses Niveau reicht - Quadrant II dokumentiert es - nicht aus, den Vollbeschäftigungs-output über den Gütermarkt abzusetzen. Die Nachfrage bleibt hinter dem Angebot zurück und läßt eine deflatorische Lücke entstehen. Es wird weniger produziert, als zum herrschenden Gleichgewichtslohnsatz produziert werden könnte. Und dies hat natürlich auch Konsequenzen für den Arbeitsmarkt. Auf ihm zeigt sich Unterbeschäftigung, die ihre Ursache nicht im „falschen" Geldlohn hat, sondern als Folge einer Rationierung des Güterangebots durch Nachfragemangel angesehen werden muß. Eine derartig zustandekommende Arbeitslosigkeit wird deshalb auch „keynesianisch" genannt. Sie ist - unter den von uns getroffenen Annahmen - nicht lediglich temporärer Natur; es sei denn, daß sich die L/M- und/oder die I/S-Kurve infolge etwa einer geänderten Liquditätspräferenz oder verbesserter Ertragsaussichten nach rechts verlagert.

Zum Fall der deflatorischen Lücke existiert ein Gegenstück: die inflatorische Lücke, auch zurückgestaute Inflation genannt. Die dazu passenden Konfiguration der makroökonomischen Märkte zeigt die Abb. 3/44

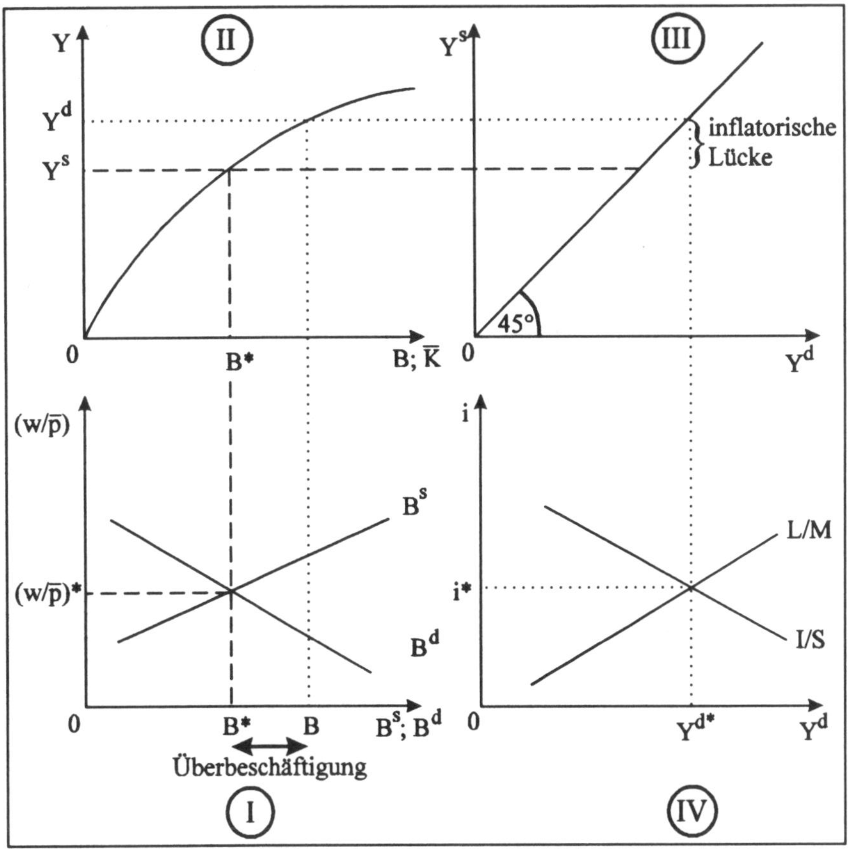

Abb. 3/44

Die Güternachfrage, die durch das simultane Gleichgewicht auf dem Realkapital- und Geldmarkt determiniert ist, übersteigt hier das Niveau der Produktion. Es liegt ein Nachfrageüberschuß vor. Der gesamtwirtschaftliche output findet zwar Absatz, daß Güterangebot bleibt aber auf dem Wert des Vollbeschäftigungsoutputs beschränkt. Infolgedessen existiert eine Rationierung der Güternachfrage. Sie findet ihre Entsprechung in einer spezifischen Situation auf dem Arbeitsmarkt, die „Überbeschäftigung" bedeutet.

Auch im Hinblick auf die inflatorische Lücke ist anzumerken, daß diese Konstellation - unter den gültigen Prämissen - keineswegs vorübergehenden Charakter hat. Sie erweist sich vielmehr als beständig; es sei denn, daß es zu einer Verschiebung der L/M- und/oder I/S-Kurve nach links kommt.

Von zentraler Bedeutung für die analytischen Ergebnisse ist natürlich die Annahme eines gegebenen Preisniveaus. Wir wollen sie nun aufgeben und untersuchen, welche Konsequenzen sich daraus ergeben.

3.2.5.2 ... bei variablem Preisniveau

Für die Formulierung des Totalmodells bei variablem Preisniveau ist daran zu erinnern, daß wir den auf dem Arbeitsmarkt handelnden Wirtschaftssubjekten zugestanden hatten, frei von Geldillusion zu sein. Sie richten ihre Entscheidungen also an dem Reallohn aus. Infolgedessen ist das Produktionsvolumen, das bei Vollbeschäftigung als Güterangebot auf den Markt gelangt, unabhängig von der Höhe des Preisniveaus.

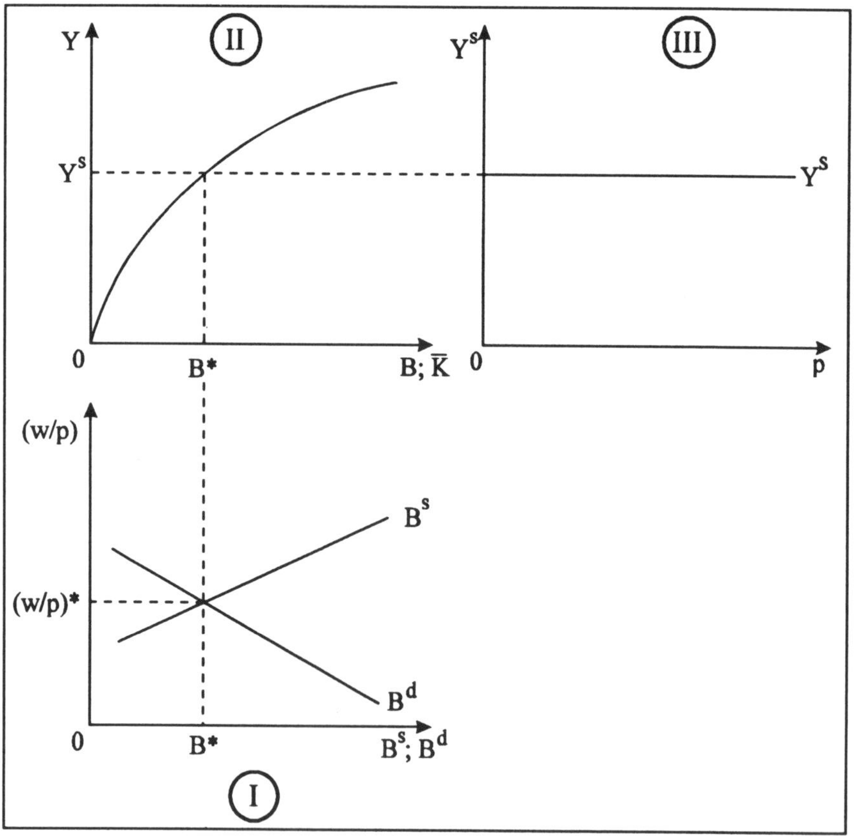

Abb. 3/45

Diese Schlußfolgerung findet ihren Ausdruck in der Figur III der Abb. 3/45. Sie ist das Resultat des bekanntlich wettbewerblich organisierten Arbeitsmarktes, der durch den gleichgewichtigen Reallohn geräumt wird und auf diese Weise das im

Produktionsprozeß eingesetzte Beschäftigungsvolumen festlegt (Figur I). Damit ist auch über die Höhe des Güterangebots entschieden (Figur II). Es erweist sich als unabhängig vom Preisniveau, weil Preisniveauänderungen die Höhe des Reallohns nicht beeinflussen, da sie von gleichgerichteten Änderungen des Geldlohns begleitet werden. Insoweit liegen keine anderen Ergebnisse vor, als sie uns bereits aus der (neo-)klassischen Analyse bekannt sind: Das Güterangebot folgt denselben Gesetzmäßigkeiten.

Das spezifisch keynesianische Element muß deshalb bei den Faktoren zu suchen sein, die über die Güternachfrage entscheiden - und die sind auf dem Realkapitalmarkt und dem Geldmarkt, also in den L/M- und I/S-Kurven zu finden. Damit rückt das Geldangebot in den Vordergrund des Interesses.

Das Geldangebot ist nämlich eine zunächst nominell bestimmte Größe. Bei unterschiedlichen Preisniveaus notiert das reale Äquivalent der Geldmenge deshalb gegenläufig. Ein steigendes Preisniveau läßt die reale Geldmenge sinken, und fallende Güterpreise bedeuten eine Zunahme des realen Geldangebots. Ein variables Preisniveau beeinflußt folglich das Gleichgewicht auf dem Geldmarkt und damit letztlich auch auf dem Realkapitalmarkt.

Um die Konsequenzen dieser Einsicht deutlich zu machen, wollen wir anhand einer Graphik argumentieren, in der drei unterschiedliche Preisniveaus $p_1 < p_2 < p_3$ berücksichtigt werden. Ist die I/S-Kurve gegeben, dann resultiert daraus das nachstehende Bild.

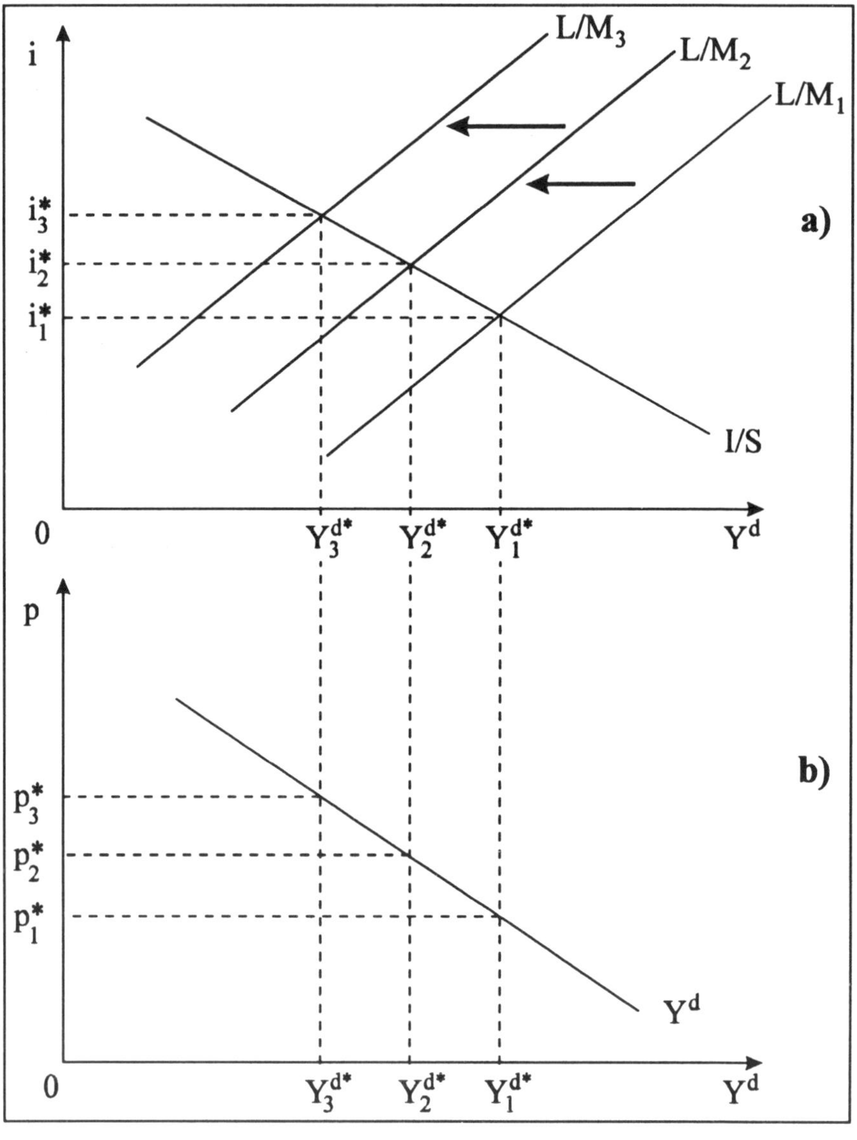

Abb. 3/46

Eine sinkende (hier: reale) Geldmenge, verschiebt - wie wir aus früheren Überlegungen wissen - die L/M-kurve nach links. Das simultane Gleichgewicht auf dem Realkapitalmarkt und dem Geldmarkt verlangt dann in Abb. 3/46 a) nach einem höheren Zins und einem niedrigeren Realeinkommen. Ein steigendes Preisniveau wird also über das Zusammenspiel von L/M- und I/S-Kurve zu höheren Marktzinsen und geringeren Einkommenswerten führen. Wie hat man sich das vorzustellen?

Eine Erklärung bietet etwa das folgende Ablaufmuster. Steigende Güterpreise machen es bei zunächst unverändertem Realeinkommen erforderlich, in höherem Ausmaß Transaktionskasse zu halten. Dies gelingt durch den Verkauf von Wertpapieren. Ein höheres Angebot an Wertpapieren aber läßt die Kurse fallen und damit die Marktzinsen steigen. Und dies wiederum bewirkt zweierlei. Bei steigenden Marktzinsen wird Spekulationskasse abgebaut und zugleich der Investitionskalkül beeinträchtigt. Letzteres führt zu einer abnehmenden Investitions- und damit Güternachfrage, die das Realeinkommen nun nachfragebedingt sinken läßt.

Überträgt man die solcherart entstehenden Gleichgewichtswerte des Realeinkommens in ein gesondertes Diagramm, um sie dort mit den unterschiedlichen Preisniveaus zu verknüpfen, so entsteht die Kurve Y^d, die als Güternachfragekurve angesehen werden kann. Diese in Figur 3/46 b) abgebildete Güternachfragekurve ist ein Gleichgewichtslokus und beschreibt keine direkte funktionale Abhängigkeit. Sie ordnet vielmehr - bei gegebener I/S-Kurve - unterschiedlichen Preisniveauwerten die jeweiligen gleichgewichtigen Werte des Realeinkommens zu, die - bei gegebener nomineller Geldmenge und Liquiditätspräferenz - aus dem Zusammenspiel von I/S- und L/M-Kurve erwachsen. Daraus folgt unmittelbar, daß sich die Lage der Güternachfragekurve Y^d im p/Y-Diagramm verändert, wenn die I/S-Kurve, die Liquiditätspräferenz und/oder die nominelle Geldmenge variiert.

Wir sind jetzt ausreichend vorbereitet, die Frage nach der Existenz einer simultanen Gleichgewichtslösung auf allen Märkten abschließend zu untersuchen. Zu diesem Zweck ist sowohl die Güterangebotskurve aus Abb. 3/45 als auch die Güternachfragekurve aus Abb 3/46 b) in ein graphisches Exposè zu integrieren, das sämtliche Beziehungen enthält.

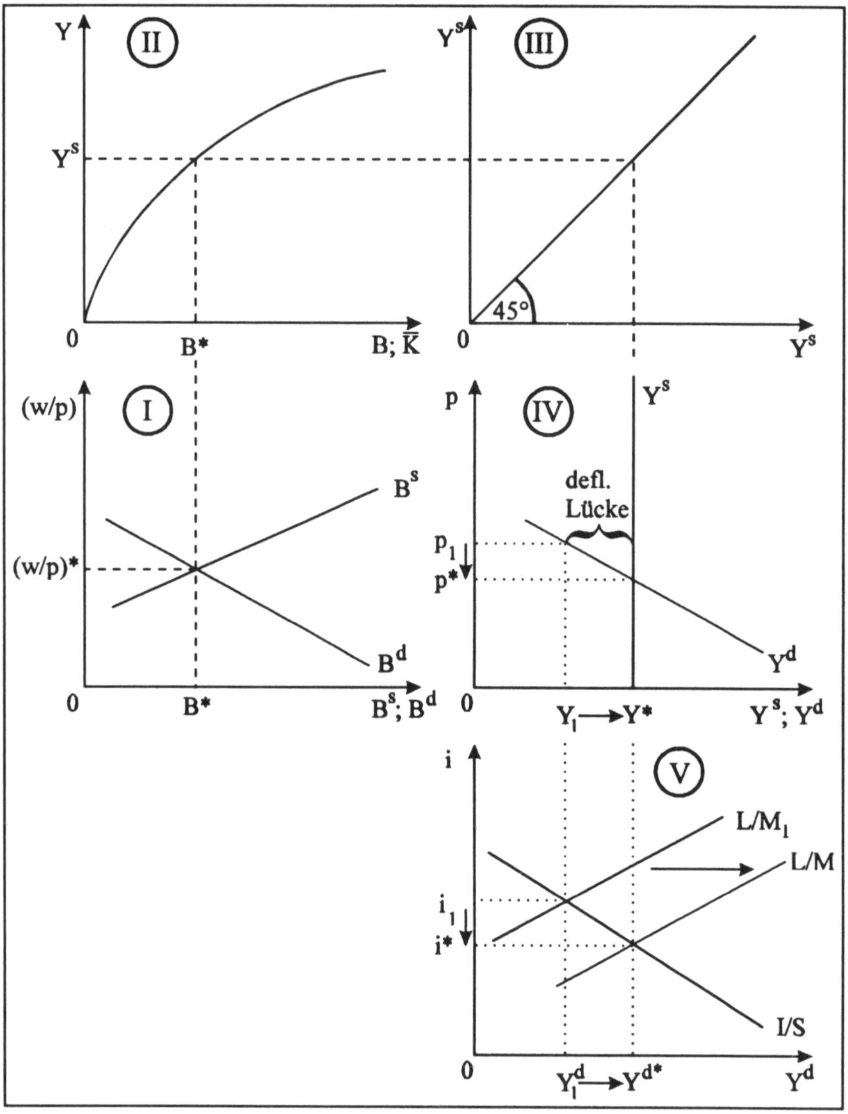

Abb. 3/47

Die Figuren I und II bilden die bekannten Angebotsbedingungen ab. Sie entscheiden über das Gütervolumen bei Vollbeschäftigung. Die Konsequenzen finden sich, über die Hilfslinie in III nach IV übertragen, als Güterangebotslinie Y^S wieder, die senkrecht zur Preisniveauachse verläuft.

In IV ist das Gütermarktgeschehen dargestellt. Die Y^d-Kurve bringt jene Güternachfrage zum Ausdruck, die - gegebene I/S-Kurve, Liquiditätspräferenz und nominelles Geldangebot vorausgesetzt - bei alternativen Preisniveaus wirksam wird. Sie ist insoweit eine Resultante der Interdependenz von Realkapital- und Geldmarkt, die im V ihren Niederschlag findet.

Es ist unschwer zu erkennen, daß eine konsistente Gleichgewichtslösung für alle Märkte existiert. Sie ist mit den Variablen $(w/p)^*$, B^*, p^*, Y^* und i^* gekennzeichnet.

Die Existenz einer Lösung gibt freilich noch keine Auskunft darüber, ob es sich auch um ein stabiles Gesamtgleichgewicht handelt. Stabilität bedeutet bekanntlich in diesem Zusammenhang, daß Anpassungsprozesse das Erreichen eines Gleichgewichts erwarten lassen, wenn es einmal nicht vorliegen sollte.

Um dieser Frage nachzugehen, sei das Preisniveau p_1 in Abb. 3/47 als Ausgangswert angenommen. Bei ihm hat die L/M_1-Kurve Gültigkeit. Sie führt - wie Figur V deutlich macht - in Kombination mit der I/S-Kurve zu dem Marktzins i_1 und dem Niveau der Güternachfrage $Y^d{}_1$. Aus IV ist ersichtlich, daß dieses Nachfrageniveau den Gütermarkt bei Vollbeschäftigung nicht räumt. Es besteht eine deflatorische Lücke.

Da wir nunmehr ein variables Preisniveau berücksichtigen, ist zu erwarten, daß die Güterpreise fallen. Fallende Güterpreise aber lassen bei zunächst unverändertem Realeinkommen Y_1 die Nachfrage nach Transaktionskasse zurückgehen. Das nominell gegebene Geldangebot erweist sich real - also in Gütergegenwerten betrachtet - als zu groß. Der Preisniveaurückgang hat eine Ausweitung der realen Geldmenge bewirkt, was in der Verschiebung der L/M_1- zur L/M-Kurve zum Ausdruck kommt.

Bei gegebener Liquiditätspräferenz wird die überschüssige Kasse die Wertpapiernachfrage stimulieren. Diese wiederum läßt die Kurse steigen und folglich den Marktzins sinken. Ein sinkender Marktzins aber wird die spekulative Kasse füllen und auch die Investitionsnachfrage anregen. Letzteres führt schließlich zu einer Zunahme des Realeinkommens, die dann zum Stillstand kommt, wenn die Güternachfrage das Angebot bei Vollbeschäftigung absorbiert und das Preisniveau seinen Gleichgewichtswert erreicht hat. Dieser Anpassungsprozeß - auch Keynes-Effekt genannt - sorgt also für eine Überführung von Ungleichgewichtssituationen in die Gleichgewichtskonstellation.

Nimmt man alles in allem, so sind mit diesem Befund die Unterschiede zwischen der (neo-)klassischen und der keynesianischen Analyse in den theoretischen Begründungen zwar vorhanden, im Ergebnis allerdings kaum mehr zu erkennen. Dies gilt jedenfalls für das keynesianische Totalmodell bei flexiblem Preisniveau. Mit ihm ließe sich eine skeptisch Grundeinstellung gegenüber dem Leistungsvermögen einer marktlichen Koordination allenfalls rechtfertigen, wenn man auf die Unsicherheitsmomente im Wirtschaftsleben verweisen würde, mit denen Zweifel an der stabilen Lage der L/M- und I/S-Kurve naheliegen.

Keynesianer kennen allerdings auch noch einige „pathologische" Falle, die wir bisher nicht behandelt haben. Mit ihnen lassen sich Ungleichgewichtssituationen erklären, die trotz Preis- und Lohnflexibiliät existieren mögen. Es geht um die Liquiditätsfalle einerseits und die Investitionsfalle andererseits.

Auf die Liquiditätsfalle haben wir früher bereits hingewiesen, ohne uns mit ihr jedoch eingehender zu beschäftigen. Sie ließ die Geldnachfrage vollkommen zinsempfindlich werden, wenn der Marktzins einen unteren Grenzwert i_u erreicht. Für die L/M-Kurve bedeutet dies einen parallelen Verlauf zur Einkommensachse. Damit ist der Keynes-Bereich definiert. Rückt man ihn ins Zentrum der Totalanalyse, so ergibt sich die folgende Situation.

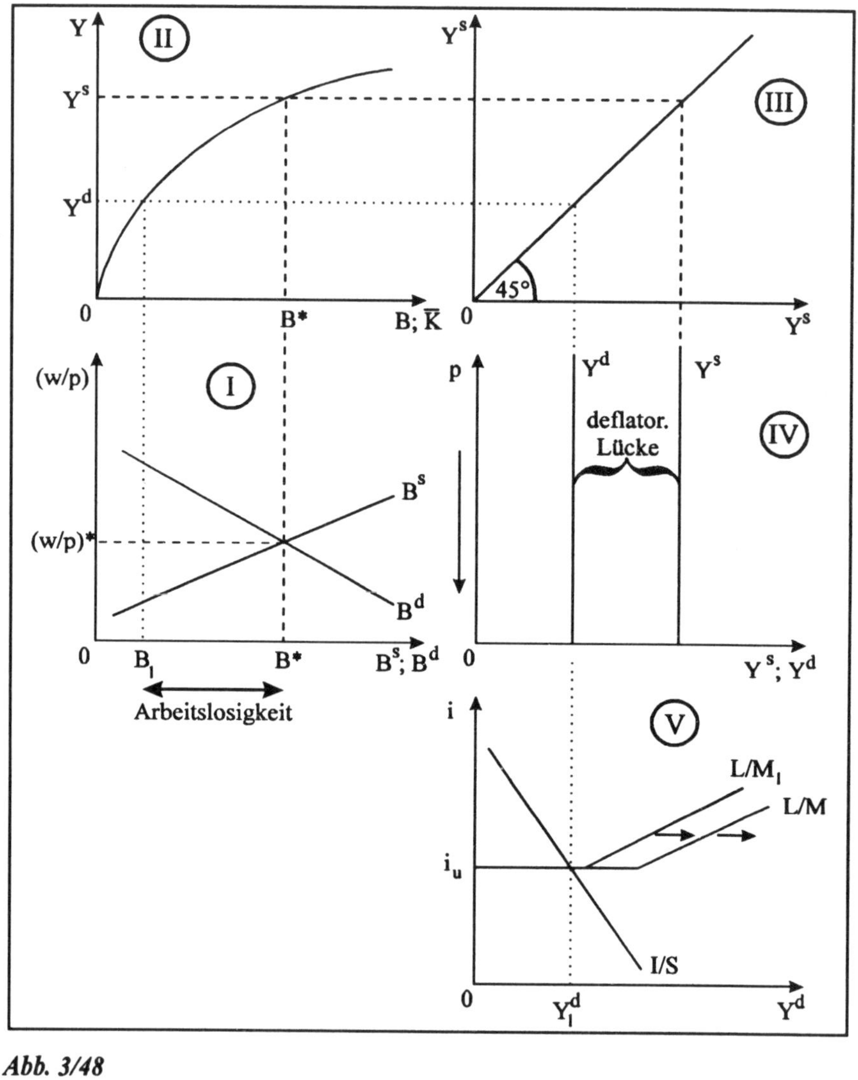

Abb. 3/48

Das simultane Gleichgewicht auf dem Realkapital- und Geldmarkt (Figur V) legt die effektive Güternachfrage auf das Niveau $Y^d{}_1$ fest. Daraus folgt eine deflatorische Lücke, da die Nachfrage hinter dem Güterangebot bei Vollbeschäftigung zurückbleibt. Dieser Angebotsüberschuß auf dem Gütermarkt findet sein Pendant auf dem Arbeitsmarkt: Unterbeschäftigung ist die Konsequenz, obwohl der Reallohn „paßt".

Der zu erwartende Verfall der Preise ändert indes nichts an der Situation. Zwar nimmt die reale Geldmenge deflationsbedingt zu - die L/M_1-Kurve wandert also nach rechts -, der Marktzins bleibt aber dennoch unverändert, weil die zinssensible Geldnachfrage zu spekulativen Zwecken ein Sinken verhindert. Offenbar rechnen nahezu alle Wirtschaftssubjekte mit fallenden Wertpapierkursen, so daß sie unbegrenzt Geld halten, um sich vor Vermögensverlusten zu schützen. Eine Zinssenkung wäre vonnöten, damit die Investitionsnachfrage steigt und die Unterbeschäftigungssituation bereinigt. Dazu aber kommt es nicht wegen der absoluten Liquiditätspräferenz.

Vergleichbare Resultate sind die Folge einer Investitionsfalle. Sie kennzeichnet eine Situation, in der die Investitionsnachfrage auf Zinsänderungen nicht reagiert.

Angesichts pessimistischer Zukunftsperspektiven mag etwa der Investitionskalkül nahezu sämtlicher Unternehmen eine umgehende Amortisation der investiven Anschaffungsausgaben erfordern. Die Nachfrage nach Investitionsgütern wäre unter solchen Umständen völlig zinsunelastisch. Man hätte es mit einem konstanten Investitionsvolumen zu tun. In graphischer Hinsicht bedeutete dies, daß die I/S-Kurve als Parallele zur Zinsachse verliefe.

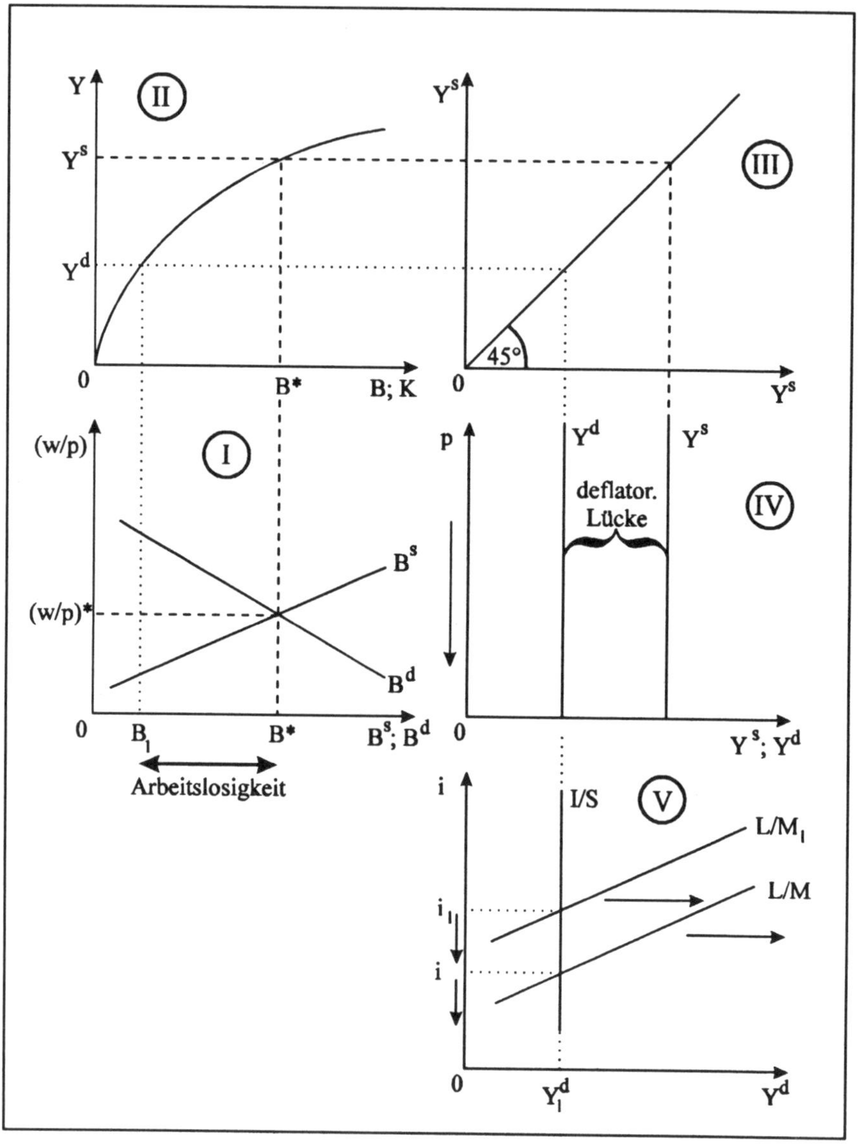

Abb. 3/49

Sofern die Investitionsfalle eine deflatorische Lücke hinterläßt und deshalb zu Unterbeschäftigung führt, ist ein anhaltender Verfall der Güter- und Faktorpreise zu erwarten. Dies bleibt natürlich nicht ohne Wirkung auf dem Geldmarkt; denn die L/M-Kurve verschiebt sich permanent nach rechts. Gleichwohl zeitigt dies keine Konsequenzen für die Güterproduktion, da die Investitionsnachfrage in der Falle des Pessimismus verharrt.

Faßt man die Ergebnisse der bisherigen Analyse zusammen, dann ist festzuhalten, daß die keynesianisch begründete Skepsis gegenüber den Selbststeuerungs- und Selbstheilungskräften des Marktgeschehens vor allem auf folgende Sachverhalte verweist:

* Die Flexibilität der Preise ist in aller Regel nicht hinreichend ausgeprägt, um kurzfristig die Räumung sämtlicher Märkte zu gewährleisten.

* Das Verhalten der Marktakteure ist oft durch Unsicherheitsmomente geprägt, was selbst bei hinreichender Preisflexibilität dazu führt, daß gleichgewichtige Märkte eher die Ausnahme denn die Regel sein dürften.

* Es mag extreme „Gemütslagen" geben, die Marktungleichgewichte dauerhaft werden lassen.

Aus all dem mag gefolgert werden, daß gesellschaftliche Übel wie z. B. Arbeitslosigkeit oder inflationäre Prozesse nicht nur möglich, sondern gar wahrscheinlich sind. Es handelt sich dabei allerdings nicht um einen genetischen Defekt der kapitalistischen Wirtschaftsordnung, dem nur mittels einer Systemüberwindung begegnet werden kann. Es geht vielmehr um Unvollkommenheiten des Alltagslebens, die staatlichen Handlungsbedarf begründen.

Ein Rechenbeispiel:

Gelten für eine Volkswirtschaft die Produktionsbedingungen

(1) $Y = 4 \cdot B^{0,5} \cdot K^{0,75}$,

und ist der Kapitalbestand mit K = 625 gegeben, dann folgt daraus die Ertragsfunktion

(2) $Y = 500 \cdot B^{0,5}$.

Die Grenzproduktivität der Arbeit errechnet sich als

(3) $dY/dB = 250 \cdot B^{-0,5}$

und beschreibt im Zusammenhang mit dem Gewinnmaximierungskalkül [(dY/dB) = (w/p)] das Nachfrageverhalten der Unternehmen auf dem Arbeitsmarkt in Form von

(4) $B^d = 62.500/(w/p)^2$.

Sofern das Anbieterverhalten auf dem Arbeitsmarkt mit

(5) $B^s = 100 \cdot (w/p)^2$

angegeben werden kann, herrscht Vollbeschäftigung, wenn

(6) $B^s = B^d \quad <=>$

$62.500/(w/p)^2 = 100 \cdot (w/p)^2 \quad =>$

$(w/p)^* = 5.$

Der gleichgewichtige Reallohn legt, eingesetzt in (4) oder (5), das Beschäftigungsvolumen i. H. v. $B^* = 2.500$ fest. In Verbindung mit den Produktionsbedingungen (1) notiert damit das reale Güterangebot auf dem Niveau $Y^s = 25.000$. Insoweit ist der Angebotssektor beschrieben.

Möge die Konsumnachfrage der Funktion

(7) $C = 2.000 + 0{,}9 \cdot Y$

gehorchen und die Investitionsfunktion

(8) $I = 520 - 200 \cdot i$

lauten, dann resultiert daraus die Gleichung der I/S-Kurve mit

(9) $I = S \quad <=>$

$520 - 200 \cdot i = -2.000 + 0{,}1 \cdot Y \quad =>$

$i = 12{,}6 - 0{,}0005 \cdot Y.$

Ist zudem die nominelle Geldmenge mit

(10) $M^S = 12.000$

gegeben und über die Geldnachfrage

(11) $L = L_T + L_S$

$= 0{,}2 \cdot Y + (1.040 - 400 \cdot i)$

bekannt, so folgt für die L/M-Kurve bei beliebigem Preisniveau

(12) $(M^S/p) = L \quad <=>$

$12.000/p = 0{,}2 \cdot Y + (1.040 - 400 \cdot i) \quad =>$

$i = 0{,}0005 \cdot Y + 2{,}6 - (30/p).$

Setzt man diesen Ausdruck mit der I/S-Gleichung aus (9) gleich, so erhält man durch Auflösen nach Y die Funktion der Güternachfrage

(13) $Y^d = 10.000 + (30.000/p)$.

Das Gütermarktgleichgewicht bei Vollbeschäftigung verlangt

$$
\begin{aligned}
(14)\ Y^s &= Y^d && \Rightarrow \\
25.000 &= 10.000 + (30.000/p) && \Rightarrow \\
p^* &= 2,
\end{aligned}
$$

also ein Gleichgewicht garantierendes Preisniveau $p^* = 2$.

4. Makroökonomik in Aktion: wirtschafts-politische Schlaglichter

Mit dem vorhergehenden Kapitel sind die unterschiedlichen Positionen in der makroökonomischen Theorie ausgeleuchtet und zusammengefaßt worden. Im folgenden wollen wir uns abschließend kurz mit einigen anwendungsbezogenen Problemstellungen beschäftigen. Sie gründen letztlich in den unterschiedlichen theoretischen Orientierungen. Oft wird nämlich - und dies obwohl die dargelegten Erklärungsmuster wegen ihres Abstraktionsgrades weit davon entfernt sind, als konkrete Handlungsanweisungen benutzt werden zu können - Wirtschaftspolitik als angewandte Wirtschaftstheorie verstanden. Von daher kann es dann nicht überraschen, wenn angesichts ein und desselben Problemgegenstandes unterschiedliche Politikempfehlungen gegeben werden. Sie basieren eben nicht selten auf verschiedenen diagnostischen Ausdeutungen.

Ausgangspunkt ist dabei häufig ein empirisch unstrittiger Tatbestand: der Konjunkturzyklus. Er zeigt sich in der zyklischen Variation des Auslastungsgrades des gesamtwirtschaftlichen Produktionspotentials. Sie wird meist begleitet von einer prozyklischen Entwicklung der Preise und einer antizyklischen Entwicklung von Kennziffern der Unterbeschäftigung.

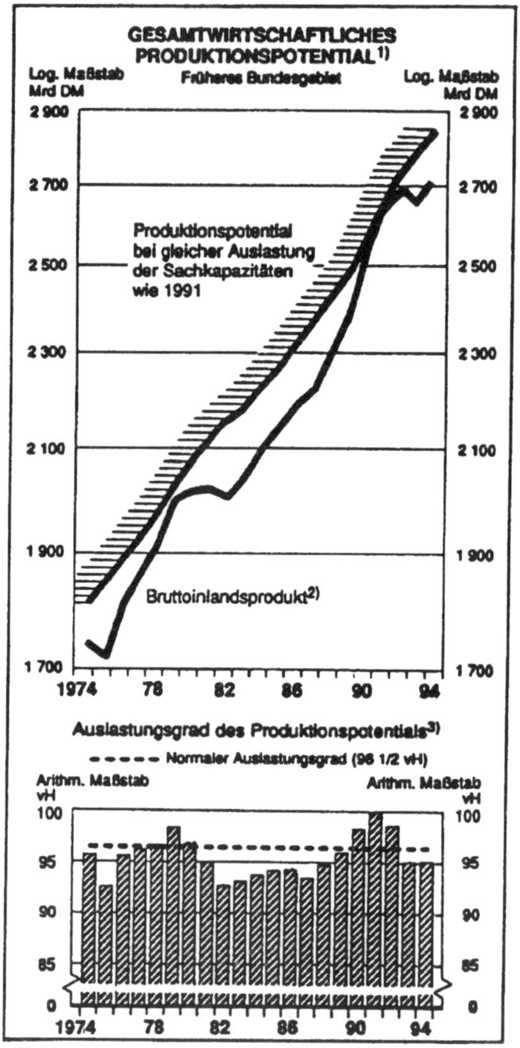

Abb. 4/1[1]

Von entscheidender Bedeutung ist in diesem Zusammenhang die Frage nach den Ursachen für dieses Phänomen. Beantwortet man sie schwergewichtig mit dem Hinweis auf Preisrigiditäten und auf die im Zeitablauf wenig stabile Psychologie der Wirtschaftssubjekte, dann liegt es nahe, Arbeitslosigkeit beispielsweise primär als eine Folge unzureichender gesamtwirtschaftlicher Nachfrage anzusehen. Ein theoretisch „passendes" Erklärungsmuster liegt mit der keynesianischen Liquiditäts- und Investitionsfalle vor.

[1] Entnommen aus: Jahresgutachten 1994/95 des Sachverständigenrates zur Begutachtung der gesamtwirtschaftlichen Entwickung, Schaubild 9.

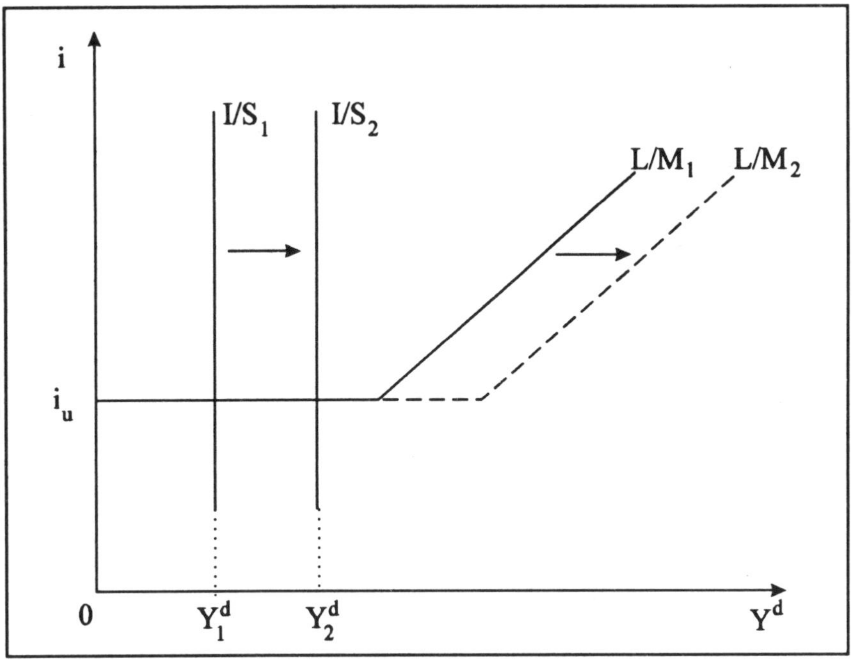

Abb. 4/2

Sofern die I/S_1- und die L/M_1-Kurve die wirtschaftliche Lage hinreichend gut beschreiben, wird unmittelbar zweierlei deutlich. Zum einen handelt es sich um eine Situation, die staatlichen Handlungsbedarf begründet, denn auf die „Selbstheilungskräfte“ des Marktsystems ist unter diesen Umständen wenig Verlaß. Man wird vielmehr erwarten müssen, daß die Unterbeschäftigung sich als dauerhaft erweist, da der mögliche Regulator, der „Keynes-Effekt“, hier keine Konsequenzen zeitigt.

Zum anderen ist ebenfalls erkennbar, daß geldpolitisches Handeln wenig Erfolg verspricht. Es würde eine Erhöhung der Geldmenge bedeuten, die in der Verschiebung der L/M-Kurve ihren Ausdruck findet. Eine expansive Geldpolitik aber bleibt unter den skizzierten Umständen ohne Ergebnis, da die zusätzliche Liquidität keine Zinsveränderungen nach sich zieht, sondern in der Liquiditätsfalle verschwindet. Die Botschaft müßte also lauten: „Money doesn't matter.“ Einzig erfolgreich wäre Fiskalpolitik, die ihren Ansatzpunkt in einer Verschiebung der I/S-Kurve sucht. Nur sie würde gewährleisten, daß es zu einer Erhöhung der gesamtwirtschaftlichen Güternachfrage und -produktion kommt, die dann ihrerseits auch für eine Zunahme der Beschäftigung sorgt.

Man kann diese Schlußfolgerungen als Fiskalismus bezeichnen. Sie sind in den 60er und 70er Jahren vom Monetarismus heftig kritisiert worden, dessen Credo darauf hinausläuft, den Konjunkturzyklus als staatliches Fehlverhalten zu interpretieren und der Geldpolitik im Vergleich zur Fiskalpolitik die dominierende Bedeutung nachzusagen.

Zur Begründung der ersten Behauptung wird angeführt, daß marktwirtschaftliche Systeme an sich inhärent stabil seien, d. h. zu Gleichgewichtslagen bei Vollbeschäftigung neigen. Störende Schocks würden gar absorbiert und in einem Anpassungsprozeß verarbeitet - wenn auch zeitverzögert, weil die Wirtschaftssubjekte ihre Erwartungen möglicherweise adaptiv bilden. Stabilisierungspolitische Aktivitäten des Staates sind insoweit nicht notwendig. Sie effizient umzusetzen ist darüber hinaus sogar unmöglich, da mit ihnen unberechenbare Verzögerungen verbunden sind. Die stabilisierungspolitisch motivierte Staatsintervention wird - so gesehen - vielmehr selbst zur Ursache der konjunkturellen Instabilität.

Das zweite Argument muß nachweisen, daß Fiskalpolitik im Zweifel wirkungslos bleibt und die Geldnachfrage wenig zinsempfindlich reagiert. Die Wirkungslosigkeit der Fiskalpolitik ergibt sich dabei zwingend aus der Analyse des (neo-) klassischen Realkapitalmarktes.

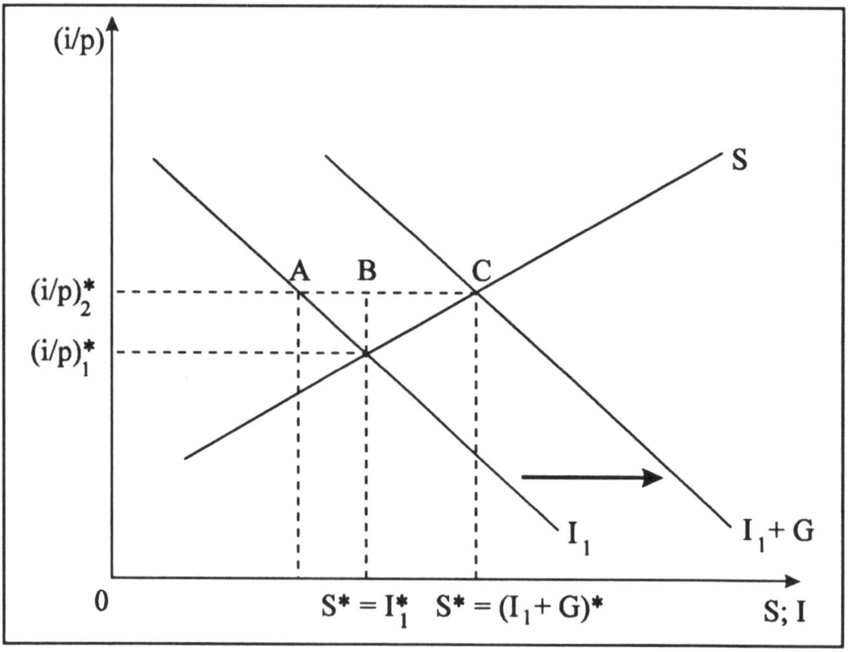

Abb. 4/3

Kreditfinanzierte Staatsnachfrage G läßt nämlich die Nachfragekurve auf dem Realkapitalmarkt nach rechts wandern. Dieser beeinflußt bekanntlich das Produktionsniveau nicht, sondern zeichnet nur für die Produktionsstruktur verantwortlich. Im neuen Gleichgewicht, das durch den gestiegenen Realzins $(i/p)^*_2$ garantiert wird, hat sich denn auch die Ersparnis um die Strecke $\overline{BC}$ erhöht (was mit einem

Rückgang der Konsumnachfrage in gleicher Höhe identisch ist) sowie die Investitionstätigkeit um die Strecke $\overline{AB}$ verringert. Und da die Strecke $\overline{AC}$ der Zunahme der staatlichen Nachfrage entspricht, folgt unmittelbar, daß letztlich nur private Nachfrage substituiert wird, also ein „crowding out" stattfindet.

Die Zinsempfindlichkeit der Geldnachfrage ist eine Tatbestandsfrage. Es kann daher nicht wundern, daß Monetaristen große Anstrengungen unternehmen, die Invarianz der Kassenhaltung bezüglich des Zinseinflusses empirisch zu untermauern. Soweit das gelingt, resultiert daraus eine Funktion der Geldnachfrage, die von einigen wenigen Variablen abhängt, unter denen das Realeinkommen von überragender Bedeutung ist.

Angewendet auf die Politikebene bedeutet dies, daß geldpolitische Handeln auf die Stabilität des Geldwertes zu verpflichten und die Geldversorgung zu verstetigen, indem man sie an der Entwicklung des Produktionspotentials Y^r_{pot} ausrichtet. Orientierung bietet dazu die aus den (neo-)klassischen Kontext bereits bekannte, hier nur unwesentlich modifizierte Gleichung für das Geldmarktgleichgewicht:

$$\overline{M} = \overline{k} \cdot Y^r_{pot} \cdot p.$$

Formuliert man die Beziehung in Form von Veränderungsraten ($\hat{M} = dM/M$ usw.), so wird daraus

$$\hat{M} = \hat{k} + \hat{Y}^r_{pot} + \hat{p},$$

womit jene Entscheidungsregel für notenbankpolitisches Handeln beschrieben ist, die auch bei der Deutschen Bundesbank seit Jahren Beachtung findet. Die Geldversorgung $\hat{M}$ ist demnach so zu bemessen, daß sie der Wachstumsrate des Produktionspotentials $\hat{Y}^r_{pot}$ entspricht, dabei eine im Trend sich ändernde Kassenhaltungsgewohnheit $\hat{k}$ in Rechnung stellt, um letztlich somit die Inflationsrate auf das „unvermeidliche" Niveau $\hat{p}$ zu begrenzen.

Auch im Hinblick auf die Debatte um die angebotsorientierte Wirtschaftspolitik leistet das theoretische Raster der (neo-)klassischen und der keynesianischen Position wertvolle Orientierungshilfe. Angebotsorientiert ist eine Wirtschaftspolitik, die auf eine Verbesserung der Produktionsbedingungen zielt. Sie sieht eine unzureichende Dynamik der wirtschaftlichen Aktivität vornehmlich als Konsequenz marktwidriger Einflüsse. Ihr Anliegen ist es deshalb, Hemmnisse jeder Art zu beseitigen, die geeignet sind, die Anpassungsfähigkeit des Marktsystems sowie die Risikobereitschaft der Akteure insbesondere im Bereich innovativer Tätigkeiten zu beeinträchtigen; kurzum: die angebotsorientierte Wirtschaftspolitik setzt primär auf eine Förderung der Produktivität.

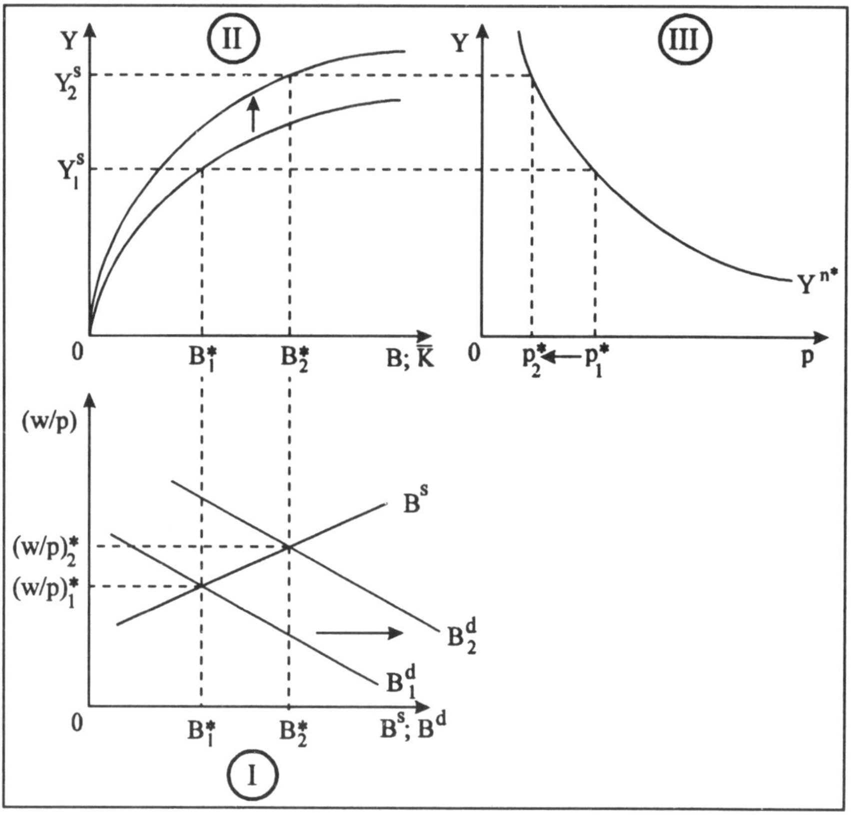

Abb. 4/4

Eine Zunahme der Produktivität zeigt sich modelltheoretisch in einer Verschiebung der Ertragsfunktion nach oben (Figur II). Bei gleichen Faktoreinsätzen ist es nunmehr möglich, einen jeweils größeren output zu realisieren als zuvor. Auf dem Arbeitsmarkt bedeutet dies eine Arbeitsnachfragekurve, die nach rechts/oben wandert (Figur I). Insgesamt ist dadurch ein höherer Reallohn bei steigender Beschäftigung realisierbar. Dazu wird es nach (neo-)klassischer Auffassung auch kommen, weil die Flexibilität der Güterpreise keine Absatzprobleme entstehen läßt. Das erhöhte Güterangebot führt nämlich bei zunächst gegebener Nachfrage zu einem Preisverfall (Figur III), der so lange anhält, bis der Markt schließlich geräumt ist: Das Angebot schafft sich seine Nachfrage selbst.

Vertreter einer nachfrageorientierten Wirtschaftspolitik äußern sich hingegen skeptisch gegenüber einer solchen Vorstellung. Ihrer Auffassung nach bedarf es zumindest einer nachfrageseitigen Ergänzung des fraglichen Politikentwurfs. Weil die Preisflexibilität auf den Gütermärkten nicht hinreichend ausgeprägt sei, könnte es ansonsten nicht nur zu Absatzproblemen, sondern auch zu negativen Beschäftigungseffekten kommen.

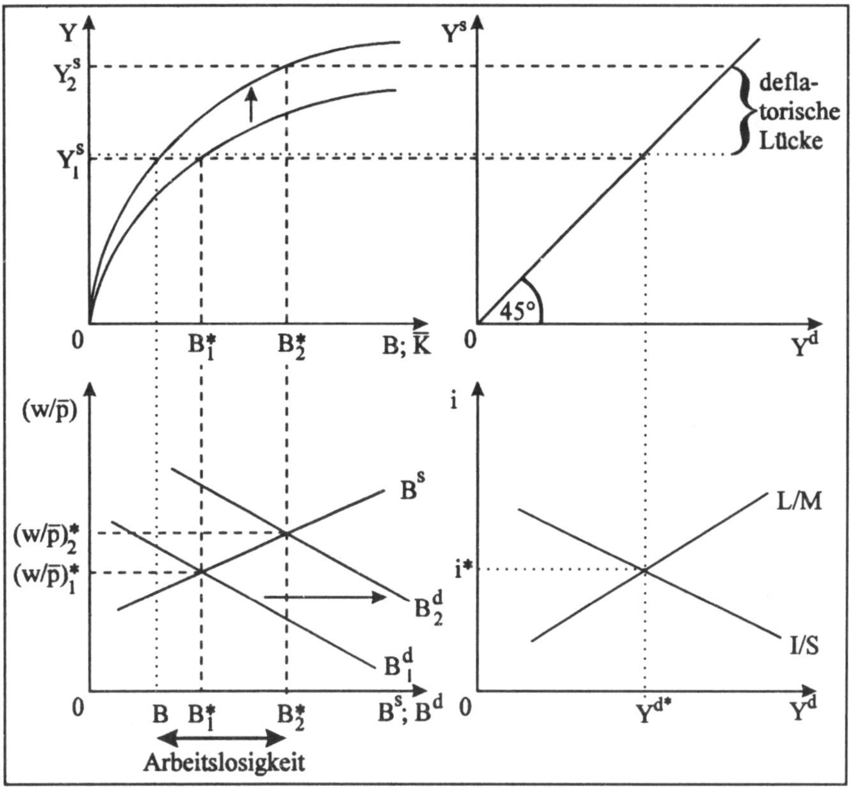

Abb. 4/5

Abb. 4/5 kennzeichnet das Problem. Eine Zunahme der Produktivität ermöglicht auch in diesem Fall einen größeren output. Er findet jedoch keinen Absatz, wenn aus dem Zusammenspiel von I/S- und L/M-Kurve eine i^*/Y^{d*}-Kombination folgt, die das erhöhte Güterangebot nicht aufnimmt. Wegen der Produktivitätssteigerung ist im Gegenteil damit zu rechnen, daß die durch die Nachfrage rationierte Produktion nunmehr mittels eines geringeren Beschäftigungsvolumens hervorgebracht werden kann, so daß letztlich Arbeitslosigkeit (Figur I) die Folge ist.

Nimmt man alles in allem, so ist zweifellos festzustellen, daß von einer Einheitlichkeit des makroökonomischen Denkens keine Rede sein kann. Wahrscheinlich ist das auch unmöglich. Das betont spekulative Element in der Ökonomik ist nämlich unübersehbar. Sie kann daher durchaus als eine „Theologie der Ökonomie“ gelten.

Literaturverzeichnis

Albert, H. (1991): Traktat über kritische Vernunft, 5. Aufl., Tübingen
Barro, R. J. (1992): Makroökonomie, 3. Aufl., München
Blaug, M. (1971): Systematische Theoriegeschichte der Ökonomie, Band 1: Vom Merkantilismus zu Ricardo, München
Blaug, M. (1972): Systematische Theoriegeschichte der Ökonomie, Band 2: Say-Mill-Marx, München
Blaug, M. (1975): Systematische Theoriegeschichte der Ökonomie, Band 3: Marshalls Ökonomie - Die Revolution des Marginalismus: Grenznutzen und Grenzproduktivitätstheorie - Grenzproduktivitätstheorie der Verteilung, München
Brümmerhoff, D. (1991): Volkswirtschaftliche Gesamtrechnungen, 3. Aufl., München
Burda, M./Wyplosz, Ch. (1994): Europäische Makroökonomik, München
Cezanne, W. (1991): Grundzüge der Makroökonomik, 5. Aufl. München-Wien
Claassen, E.-M. (1986): Grundlagen der Makroökonomischen Theorie, 2. Aufl., München-Wien
Dieckheuer, G. (1993): Makroökonomik. Theorie und Politik, Berlin u. a.
Dornbursch, R./Fischer, St. (1993): Makroökonomik, 5. Aufl., München-Wien
Felderer, B./Homburg, S. (1991): Makroökonomik und neue Makroökonomik, 5. Aufl., Berlin u.a.
Frenkel, M./John, K. D. (1993): Volkswirtschaftliche Gesamtrechung, 2. Aufl., München
Fuhrmann, W. (1991): Makroökonomik. Zur Theorie interdependenter Märkte, 3. Aufl., München-Wien
Helmstädter, E. (1986): Wirtschaftstheorie II. Makroökonomische Theorie, 3. Aufl., München
Heubes, J. (1992): Makroökonomie, 2. Aufl., München
Hübl, L./Hartig, R./Schepers, W. (1986): Einführung in das gesamtwirtschaftliche Rechnungswesen, Darmstadt
Keynes, J. M. (1983): Allgemeine Theorie der Beschäftigung, des Zinses und des Geldes, 6. Aufl., Berlin
Klatt, S. (1989): Einführung in die Makroökonomie, 2. Aufl., München-Wien
Kromphardt, J. (1987): Arbetislosigkeit und Inflation. Eine Einführung in die markroökonomischen Kontroversen, Göttingen
Lakatos, I./Musgrave, A. (Hrsg.) (1974): Kritik und Erkenntnisfortschritt, Braunschweig
Monissen, H. G. (1982): Makroökonomische Theorie, Band 1 und 2, Stuttgart u. a.

Majer, H. (1992): Makroökonomik. Theorie und Politik, 5. Aufl., München-Wien
Mankiw, N. G. (1991): Macroeconomics, New York
Mussel, G. (1993): Einführung in die Makroökonomik, 4. Aufl., Stuttgart u. a.
Neumann, M. (1991): Theoretische Volkswirtschaftslehre I. Makroökonomische Theorie: Beschäftiung, Inflation und Zahlungsbilanz, 4. Aufl., München
Nissen, H.-P. (1989): Makroökonomie I. Einführung in die Volkswirtschaftliche Gesamtrechnung, Heidelberg
Popper, K. R. (1966): Logik der Forschung, 2. Aufl., Tübingen
Popper, K. R. (1963): Conjectures and Refutations. The Growth of Scientific Knowledge, London
Rettig, R./Voggenreiter, D. (1985): Makroökonomische Theorie, 5. Aufl., Düsseldorf
Rittenbruch, K. (1993): Makroökonomie, 8. Aufl., München-Wien
Samuelson, P. A./Nordhaus, W. D. (1987/88): Volkswirtschaftslehre, 2 Bände, Köln
Sargent, Th. J. (1982): Makroökonomik, München-Wien
Schmitt-Rink, G./Bender, D. (1992): Makroökonomie geschlossener und offener Volkswirtschaften, 2. Aufl., Berlin u. a.
Starbatty, J. (1985): Die englischen Klassiker der Nationalökonomie. Lehre und Wirkung, Darmstadt
Stobbe, A. (1994): Volkswirtschaftliches Rechnungswesen, 8. Aufl., Berlin u. a.
Stobbe, A. (1987): Volkswirtschaftslehre III. Markroökonomik, 2. Aufl., Berlin u. a.
Wagner, A. (1990): Makroökonomik, Stuttgart-New York
Westphal, U. (1994): Makroökonomik. Theorie, Empirie und Politikanalyse, 2. Aufl., Berlin u. a.
Woll, A. (1990): Allgemeine Volkswirtschaftslehre, 10. Aufl., München

Personen- und Sachverzeichnis